GOLDMANN
Lesen erleben

Buch

Charmant, schonungslos ehrlich und höchst vergnüglich begleitet »Der kleine Eheberater« durch Stürme und Flauten der Zweisamkeit. Er verrät, worum es beim Kampf um den Haushalt wirklich geht, warum Müßiggang eheliche Erotik beflügelt, wie man im Restaurant auch nach Jahren noch Gesprächsthemen findet und weshalb es sich lohnt, sein Leben unorthodoxer zu führen als die Nachbarn. Ob Hochzeit ganz in weiß oder in Jeans, bei Champagner oder Flaschenbier, mit 120 Gästen oder durchgebrannt in Las Vegas – dieses Buch ist die ideale Liebesgabe an alle, denen man wirklich Glück wünscht.

Autorinnen

Kerstin Holzer ist Buchautorin und freie Journalistin, u. a. für die »Süddeutsche Zeitung«. Sie hat einen Sohn und lebt in München. Seit kurzem ist sie zum zweiten Mal verheiratet, sehr glücklich diesmal.
Claudia Jacobs arbeitete für »Bunte«, »Focus« und als stellvertretende Chefredakteurin von »Focus Schule« und lebt als freie Autorin in München. Sie hat zwei Kinder und ist seit über 20 Jahren verheiratet, mit ein und demselben Mann.

Kerstin Holzer
Claudia Jacobs

Der kleine Eheberater

Vom Glück zu zweit

GOLDMANN

Alle Ratschläge in diesem Buch wurden von den Autorinnen und vom Verlag sorgfältig erwogen und geprüft. Eine Garantie kann dennoch nicht übernommen werden. Eine Haftung der Autorinnen beziehungsweise des Verlags und seiner Beauftragten für Personen-, Sach- und Vermögensschäden ist daher ausgeschlossen.

Der Verlag weist ausdrücklich darauf hin, dass im Text enthaltene externe Links vom Verlag nur bis zum Zeitpunkt der Buchveröffentlichung eingesehen werden konnten. Auf spätere Veränderungen hat der Verlag keinerlei Einfluss. Eine Haftung des Verlags für externe Links ist stets ausgeschlossen.

FSC www.fsc.org
MIX
Papier aus verantwortungsvollen Quellen
FSC® C014496

Verlagsgruppe Random House FSC® N001967
Das für dieses Buch verwendete FSC®-zertifizierte Papier *Classic 95*
liefert Stora Enso, Finnland.

Dieses Buch ist auch als E-Book erhältlich.

1. Auflage
Vollständige Taschenbuchausgabe April 2015
Wilhelm Goldmann Verlag, München,
in der Verlagsgruppe Random House GmbH

Umschlaggestaltung: Uno Werbeagentur, München
Umschlagillustration: FinePic®, München
Satz: Barbara Rabus
Druck und Bindung: GGP Media GmbH, Pößneck
CH · Herstellung: IH
Printed in Germany
ISBN 978-3-442-17500-0
www.goldmann-verlag.de

Besuchen Sie den Goldmann Verlag im Netz

Buffalo, 8. September 1869

Livy, mein kostbarer kleiner Schatz,

… Dieser 4. Februar wird der prachtvollste Tag unseres Lebens, der heiligste & der für uns beide großzügigste – denn er wird zwei unvollständige Leben vereinen. Er gibt zwei ziellosen Existenzen Arbeit & verdoppelt die Kraft eines jeden, sie zu meistern. Er gibt zwei suchenden Seelen einen Grund, um zu leben, & etwas, wofür sich das Leben lohnt. Er wird dem Sonnenlicht neue Freude schenken, den Blumen einen neuen Duft, der Erde neue Schönheit, dem Leben ein neues Geheimnis; & Livy, er wird der Liebe eine neue Offenbarung schenken, dem Kummer eine neue Tiefe, der Anbetung einen neuen Ansporn. An jenem Tag werden uns die Schuppen von den Augen fallen, & wir werden eine neue Welt erblicken. Wenn es doch schon so weit wäre!

(Mark Twain vor der Hochzeit an seine Braut Olivia Langdon)

2. Februar 1904

Es ist lange her, meine Liebste, doch die 33 Jahre haben uns reichlich mit Liebe belohnt – eine Liebe, die stärker wurde, nicht schwächer, und die mit jedem Jahr kostbarer wird. Und so wird es immer sein, liebster alter Schatz meiner Jugend.

Gute Nacht und schlaf schön.

(Mark Twain zum Hochzeitstag an seine Frau)

Inhalt

Ein Ehepaar sein

Das Ehepaar als Eltern

Das Ehepaar im Bett

Das komische Ehepaar

Das verkrachte Ehepaar

EHEPAAR RELOADED

(ENDLICH) GLÜCKLICH VERHEIRATET

Vorwort

Die beiden Autorinnen dieses Buches verfügen über die Erfahrung von insgesamt drei Ehen mit einer Gesamtlaufzeit von bisher 23 Jahren. Wir haben im Alter von 28, 29 und 43 Jahren geheiratet und insgesamt drei Kinder – zwei Mädchen und einen Jungen. Euphorische und kühle Eheperioden, schmerzhafte Scheidung, bittersüße Liebschaften und überraschende Patchwork-Modelle sind uns vertraut. Es hat in unseren Leben Phasen gegeben, da hätten wir ein Buch über die Ehe glatt mit der Warnung »Tu's nicht!« versehen. Mittlerweile sind wir ausgesprochen gerne verheiratet und halten diese Institution für, sagen wir mal, alternativlos.

Wir geben zu: Die Ehe ist eine rätselhafte Einrichtung. Nicht selten verbindet sie zwei Menschen, die im

Laufe der Zeit nach anfänglicher Seligkeit von Enttäuschung, Zorn, Langeweile, Entfremdung bis zu Mordlust sämtliche negative Gefühle durchlaufen, die man einem Mitmenschen gegenüber nur empfinden kann. Wenn solche Paare sich trennen, behaupten sie oft, nie wieder heiraten zu wollen. Als wüssten sie endlich, wer ihre Liebe zerstört habe: die Ehe selbst.

Wir wissen heute, dass das nicht stimmt. Ob wir uns wohlfühlen in einer Dauergemeinschaft, haben wir schon auch selbst in der Hand.

Eine glückliche Beziehung gehört in Umfragen zu den meist genannten Lebensträumen, doch leider hat nicht jeder Mann und jede Frau Talent für die Ehe. Singles meinen häufig, es genüge der richtige Partner, und alles werde gut. In Wirklichkeit aber ist es so: Wenn sich zwei gefunden haben, ist das erst die halbe Miete.

Von den anderen 50 Prozent handelt dieses Buch.

Kerstin Holzer & Claudia Jacobs

Ein Ehepaar werden

Heiraten ist Avantgarde

Kennen Sie eigentlich Li Edelkoort? Das ist die berühmteste Trendforscherin der Welt: Eine Holländerin, die seit 35 Jahren den Zeitgeist analysiert und internationalen Großkonzernen prophezeit, was die Kunden von morgen wollen. Wenn Edelkoort sagt, der nostalgische Do-it-yourself-Trend sei schick, wissen die Firmen: Alles, was nach selbstgestrickt, selbstgekocht und handbemalt aussieht, läuft wie geschnitten Brot.

Li Edelkoort jedenfalls hat uns gerade erzählt, dass die Ehe stark im Kommen sei. Sollten Sie also in Erwägung ziehen, zu heiraten, dies soeben getan haben oder längst verheiratet und sich Ihrer Avantgarde-Rolle nicht recht bewusst sein: Sie liegen voll im Trend.

Woher dieser Trend komme, meint Edelkoort, sei

doch wohl klar. Wo man sich in der Welt auch umsehe: überall Umweltkatastrophen, Schuldenkrisen, Kriege. Die Politik biete keinen moralischen Spirit, der Individualismus habe ohnehin total versagt. Es mache die Menschen müde und traurig, permanent alleine Entscheidungen treffen zu müssen. Nicht mal Madonna habe inzwischen noch Lust, sich täglich neu zu erfinden! Bei all dieser Unsicherheit, so Edelkoort, böten nur Ehe und Familie Hoffnung auf Schutz und Geborgenheit. Ihre Büroleiterin in Tokio berichte, in Japan habe es seit der Atomkatastrophe von Fukushima einen regelrechten Hochzeitsboom gegeben. Die Menschen dort sagten: Wir wollen nicht alleine sterben. Frau Edelkoort, nicht gerade ein überschwänglicher Typ, fand diese Begründung hinreißend romantisch: »Ist das nicht wunderschön?«

Ganz pragmatisch

Ja, ist es nicht wirklich romantisch, sich im Kokon einer liebevollen Zweisamkeit gegen die Entfremdung der kalten Welt da draußen zu wappnen? Sozusagen dem Elend zu trotzen?

Das ist, zugegeben, nicht der erste Gedanke, den man mit der Idee der romantischen Liebe verbindet. Er klingt eher nach Steinzeit, in der sich Mann und Frau als Überlebensstrategie zusammentaten: Er brachte das Fleisch nach Hause und hielt wilde Tiere fern, sie Feuer und Kinder am Laufen.

Die längste Zeit ihrer Geschichte – und wir sprechen hier von Jahrhunderten – war die Ehe weitgehend frei von Gefühlsduselei, eine vollkommen pragmatische Angelegenheit und für Frauen eine tendenziell rechtsfreie Zone.

Bei den alten Griechen galt Ehe zwar als fundamentale soziale Einrichtung, und im Athen unter Perikles waren ledige Männer sogar von wichtigen Ämtern ausgeschlossen. Hochzeiten waren aber arrangiert, Frauen auf die Aufzucht der Kinder beschränkt und scheidungstechnisch nicht schwer zu entsorgen. »Zu unserem Vergnügen haben wir Hetären, Konkubinen für die Gesundheit und Ehefrauen, damit sie uns rechtmäßige Nachkommen gebären«, verkündete der Redner Demosthenes vergnügt. Hübsche Knaben spielten auch eine Rolle, allerdings nicht für frustrierte Griechen-Gattinnen.

Im Mittelalter schlossen europäische Herrscherhäuser Ehen bereits zwischen Kindern, wenn dies den politischen Absichten diente. Maria Stuart ehelichte mit gerade zehn Jahren den 14-jährigen Wilhelm II. von Oranien.

Über die Jahrhunderte heiratete man aus Vernunft, also weil Vermögen, Hierarchien und Erbe zueinanderpassten, was die Familien zu entscheiden hatten, selten die künftigen Eheleute. Von Liebe: keine Rede. Noch weniger von Lust.

Als »Verbindung zweier Personen verschiedenen Geschlechts zum lebenslangen wechselseitigen Besitz ihrer Geschlechtseigenschaften« erklärte der Königsberger Philosoph Immanuel Kant die Ehe. Sinn und Zweck dieses Bündnisses sei, »Kinder zu erzeugen und zu erziehen«. Ein gewisser Schutzgedanke spielte ebenfalls eine Rolle. Die bedrohliche Macht der Sexualität sollte in Sittlichkeit kanalisiert werden, wobei Leidenschaft um Himmels willen nicht erwünscht war.

Die Idee der romantischen Liebe

Dann kam das Zeitalter der Romantik, und das Bürgertum des 18. Jahrhunderts entdeckte die Liebe – zumindest theoretisch. Glück als Motiv! Es gibt die Eine, den einzig Richtigen! Das war neu. Goethe ließ seinen »Werther« sogar an unglücklicher Liebe sterben. Die Leser waren wie vom Donner gerührt und machten das Werk zum Bestseller.

Die romantische Liebesheirat ist die Erfindung jener Zeit. Nicht praktische und materielle Beweggründe, sondern große Gefühle galten nun als Ideal der Partnerwahl, und zwar für beide Geschlechter. Die Freiheit, einen Ehepartner zu wählen, das Sehnen und Irren und Wirren, das sich um diesen Prozess entspinnt, erschienen als herrliche Qual mit dem Versprechen auf ewige Glückseligkeit.

Der Haken daran: Wenn man sich irrte in seiner Wahl, war man plötzlich selber schuld, und nicht etwa strenge Familienväter, eine standesbewusste Gesellschaft oder die Kirche. Und natürlich erwies sich das Eheziel »ewiger Frühling« als unsichere Perspektive.

»Die Nebenwirkung der Liebesheirat: Ehekrisen!«, fasst Felicitas von Lovenberg in ihrem Buch »Verliebe dich oft, verlobe dich selten, heirate nie?« so treffend zusammen. Daran leiden moderne Beziehungen noch heute.

Einbruch der Wirklichkeit

Die schönsten Werke aus Literatur und Film sind inspiriert vom Einbruch der Wirklichkeit in emotionale Wunschwelten. Fontanes Frauendrama »Effi Briest« und Tolstois Ehe- und Betrugsroman »Anna Karenina«: genial zeitlose Stoffe. Warum? Ihr Thema ist der Wandel von Gefühlen – in Ehen wie Affären.

Der moderne Klassiker »Zeiten des Aufruhrs« von Richard Yates: eine Studie über Ehefrust in Zeiten des Wohlstands. Der Hollywood-Schmalzer »So wie wir waren« lässt Robert Redford und Barbara Streisand als ungleiche Liebende aneinander verzweifeln. Und erst »Wer hat Angst vor Virginia Woolf« mit dem berüchtigten Paar Taylor/Burton! Die Ehe hier: die blanke Vorhölle.

Die romantische Liebesheirat mit ihrer erpresserischen Forderung nach vollkommenem Glück hat mindestens ebenso viel Schaden angerichtet wie die arrangierten Ehen von einst. Die endeten oft – in einem Arrangement. Aber das wusste man wenigstens. Wenn hingegen Liebesehen scheitern, geht es gleich ums Ganze: um Enttäuschung, Bitterkeit und verlorene Freiheit. Erst suchen wir viel zu lange nach dem einzig richtigen Partner (das Heiratsalter der Deutschen steigt von Jahr zu Jahr: inzwischen sind Männer durchschnittlich 33 Jahre alt, Frauen 30 Jahre), und wenn es dann doch nicht klappt, zürnen wir ihm auch noch. Am Schluss bleiben Streit über profanen Alltag, über erotische und sonstige Ödnis oder gleich über Unterhaltszahlung und Umgangsrecht für die Kinder.

Alternative Konzepte

Dann also freie Liebe? Damit hatte die Studentenbewegung, die die bürgerliche Ehe mitsamt anderen uncoolen Traditionen abschaffen wollte, auch keine überragenden Erfolge. Nicht zweimal mit derselben zu pennen, um bloß nicht zum Establishment zu gehören, schuf fürchterlichen Zwist (fragen Sie Alt-Hippie Rainer Langhans) und hat generell ab einem gewissen Alter etwas Trauriges.

Immerhin ging es mit der Emanzipation der Frau in dieser Zeit voran. Kaum vorstellbar, dass Ehemänner ihren Frauen bis in die Siebzigerjahre den Job verbieten konnten.

Heute wursteln sich die Menschen in Liebesdingen so durch. Die einen frönen den Freuden des anonymen Flirts im Internet, die anderen gestehen ehrlich Asexualität: Dass niemand weniger Sex hat als sehnsüchtige und gleichzeitig bindungsscheue Singles, ist belegt.

Wer sich doch in eine Beziehung wagt, hält den anderen gern mit getrennten Wohnungen auf sicherem Abstand: »Living Apart Together« heißt diese Variante. Eheschließungen gelten als spießig. Da sich das Modell der »seriellen Monogamie« durchgesetzt hat, sind mehrere Scheidungen im Laufe der Jahrzehnte auch einfach zu teuer.

Wer Mumm hat, heiratet

Nein, kein Mensch muss heute noch heiraten, weder aus Karriere- noch Prestige- noch aus Sicherheitsgründen. Jeder kann sich alleine durchschlagen, autonom und freiheitsliebend, wie wir alle sind: Gesellschaftlich spielt die Institution der Ehe absolut keine Rolle mehr. Homosexuelle können als Bundesaußenminister Karriere machen, Frauen sich alleine um ihren Lebensunterhalt kümmern. Die Steuervorteile sind meist lächerlich. Die Kirche hat ohnehin nichts mehr zu melden. Und erst die hohen Scheidungsraten! Wir wären ja schön doof.

Aber romantisch. Das bringt uns zurück zu Li Edelkoort, unserer Trendpäpstin. Natürlich wird die Ehe im 21. Jahrhundert allein deshalb zum hochromantischen Akt, weil sie so überflüssig ist. Weil sie auf keiner Notwendigkeit basiert als dem bedingungslosen Drängen der Liebe. Weil Liebe solch ein Risiko ist, dass der Entschluss zur festen Bindung Mut erfordert – eine Tugend, die uns nur noch selten abverlangt wird.

In unserer Welt der Libertinage sind die Verheirateten die eigentlichen Revolutionäre – das fand kürzlich auch die »Frankfurter Allgemeine Zeitung«, die ausgerechnet die konservative, monogame Liebe als letzte Möglichkeit subversiven Handelns feierte: »Treue als der neue Nervenkitzel also. Und wer wirklich Mumm hat, der wählt den Weg des größten Risikos: die Ehe. Das ist pures Adrenalin, mehr Abenteuer, als es jede Affäre sein kann.«

Das junge Paar, das wir an einem dampfigen Augustmorgen vor einem Münchener Standesamt am Englischen Garten beobachteten, hat dies nicht erst lesen müssen, um voneinander völlig berauscht zu sein. Sie trug ein weißes Hippie-Kleidchen, er kurze Trachtenhose; beide waren knapp über 20, viel zu jung. Küsse im Regen. Man konnte es schier hören, ihr pochendes »doch alle Lust will Ewigkeit«, und gleich würden sie da reingehen und ein immerwährendes Versprechen abgeben, während draußen in der Welt die Vergänglichkeit wütet. Wenn das nicht pure Romantik ist, wissen wir es auch nicht.

Hoffentlich sind sie noch zusammen.

Der Ehevertrag

Nicht erschrecken: Wir müssen kurz über Geld sprechen.

Es gibt einen Unterschied zwischen romantischem Wagemut und Blauäugigkeit. Natürlich wird bei einer Hochzeit die lebenslange Bindung angestrebt. Nur Zyniker betrachten eine Ehe als befristeten Kontrakt.

Der Entschluss, die Rechtsfolgen der Ehe vertraglich zu regeln, ist gleichwohl mit den liebevollsten Gefühlen vereinbar. Traurig, wenn eine Ehe scheitert. Noch trauriger aber, wenn sich einst hingebungsvolle Gefährten Rosenkriege um Haus, Auto und Bankkonto liefern.

Wir kennen einen Prominenten, der sich im Trennungsjahr mit seiner zukünftigen Exfrau einen Stellungskrieg in der gemeinsamen Bauhaus-Villa liefert.

Während sie um einen monatlichen Unterhalt von 24 000 Euro streiten, stehen in der noch gemeinsamen Küche zwei Kühlschränke: seiner gefüllt mit Pasteten, ihrer ostentativ mit Aldi-Wurst.

Ein Ehevertrag lässt sich durchaus als Fanal verstehen: So erbärmlich wird unsere Liebe nicht enden. Zugegeben – es handelt sich um ein vorgezogenes Scheidungsabkommen. Allerdings eines, das zwei Menschen aushandeln, die sich zum Glück (noch) von Herzen zugetan sind.

Auf die Idee, vor der Hochzeit zum Notar zu gehen, kamen früher vor allem jene, die ein Vermögen zu verteidigen hatten. Reiche Erbinnen etwa, deren Familienanwälte sie darüber aufgeklärt hatten, dass ehemalige Gatten von Wertsteigerungen – etwa aus Aktienfonds und Immobilien – prächtig profitieren. Oder Unternehmer, die ihren florierenden Betrieb vor der Rachsucht einer enttäuschten Exfrau schützen wollten.

Heute allerdings sollten ausgerechnet jene einen Ehevertrag anstreben, die ihn noch vor wenigen Jahren gescheut haben: die zukünftigen Ehefrauen und traditionellen Kümmer-Mütter der Mittelschicht.

Bei dem Vorhaben, der sogenannten Versorgerehe (einmal Zahnarztgattin, immer Zahnarztgattin) den Garaus zu machen, hat der Gesetzgeber ganze Arbeit geleistet. Im Grunde genommen lautet die Botschaft des neuen Unterhaltsrechts: Keine Frau kann es sich mehr leisten, wegen der Kinder beruflich kürzerzutreten oder ihren Job gar aufzugeben. Es ist zu riskant.

Jene, die um der Kinder willen eigene Ambitionen zurückstellen (und in aller Regel sind das Mütter), müssen bei Scheidung seit dem Jahr 2008 mit erheblichen finanziellen Einbußen rechnen. Eine Architektin, die seit Jahren hauptberuflich kocht, putzt, wäscht, drei Kinder sowie den Hund erzieht, während ihr Mann seine Karriere vorantreibt, kann nicht mehr darauf bauen, dass sie von ihm je Unterhalt bekommt. Wenn das jüngste Kind drei Jahre alt wird, die Familie weder in einer Kita-freien Zone lebt noch ein alarmierendes Gutachten eines Kinderpsychologen vorzuweisen vermag, braucht die alleinerziehende Mutter sehr schnell eine Vollzeitstelle, notfalls auch in einer weniger prestigeträchtigen Branche. Erworbene berufliche Qualifikationen veralten heute leider ruckzuck.

Wer das weiß, muss eigentlich darauf bestehen, dass beide Partner sich während der Ehe die Aufgaben Geldverdienen, Haushalt und Kinderbetreuung gerecht teilen.

Wir kennen keine einzige Familie, wo das so ist.

Eine rechtzeitig getroffene Vereinbarung hilft immerhin, Existenznot nach einer Trennung zu verhindern. In einem fairen, in beiderseitigem Einverständnis geschlossenen Ehevertrag ist nicht nur festgelegt, wer im Falle eines Falles was bekommt, es kann auch geregelt werden, wie lange der erziehende Teil nach der Scheidung über das dritte Lebensjahr des Kindes hinaus Anspruch auf eigenen Unterhalt haben soll.

Wahre Liebende sollen ja – anstatt sich anzusehen – gemeinsam in die Zukunft blicken. Während das Paar nach vorne schaut, kann es reden; auch über so profane Dinge wie »Gütergemeinschaft« oder »modifizierten Zugewinn«.

»Ich will dafür sorgen, dass du niemals ernsthafte Geldprobleme bekommst.« Wenn man erst mal drüber nachdenkt, klingt dieser Satz wie eine Liebeserklärung.

Das kann man alles regeln!

Güterstand: Ohne Ehevertrag leben Eheleute automatisch im rechtlichen Stand der *Zugewinngemeinschaft*. Das Vermögen, das die Partner in der Ehe erwerben, wird bei Trennung durch zwei geteilt.

In einem Ehevertrag lässt sich u. a. *Gütergemeinschaft* vereinbaren. Dabei geht auch das Vermögen, welches schon vor der Hochzeit bestanden hat, zu beiden Teilen auf die Partner über.

Verabreden Eheleute *Gütertrennung*, gehört das Vermögen entweder dem einen oder dem anderen.

Häufig gewählte Variante ist die *modifizierte Zugewinngemeinschaft*. Der Zugewinnausgleich ist bei Scheidung ausgeschlossen, nicht aber im

Todesfall (erbsteuerlicher Vorteil gegenüber Gütertrennung). Möglich sind zudem Absprachen, die bestimmte Vermögenswerte vom Zugewinn ausschließen.

Versorgungsausgleich: Kommt es zur Scheidung, findet automatisch ein Ausgleich der Rentenansprüche statt. Im Ehevertrag lässt sich Abweichendes vereinbaren.

Nachehelicher Unterhalt: Im Prinzip gilt der Grundsatz der Eigenverantwortlichkeit. Geschiedene sollen möglichst für sich selber sorgen. Im Ehevertrag lassen sich abweichende Regelungen treffen.

Übrigens: Eheverträge können auch während einer Ehe geschlossen werden. Einmal getroffene Absprachen lassen sich jederzeit gemeinschaftlich ändern.

Wie heiratet man eigentlich auf Papua-Neuguinea?

Eine Hochzeit ganz in Weiß gilt als Standard der westlichen Kultur. Andere Völker haben auch schöne Sitten:

Die Frauen der Massai, ein Hirtenvolk in den Wüstengebieten der Serengeti, gehen nicht ungewarnt in die Ehe. Einer Braut wird vor der Hochzeit der Kopf erst frisch geschoren, dann mit Viehdung eingerieben. Das rüde Ritual soll helfen, künftige Beleidigungen des Ehemannes nicht allzu schwerzunehmen.

Im Jemen beginnt die dreitägige Hochzeit für den Bräutigam recht angenehm. Im Kreise seiner Freunde kaut er bedröhnende Qat-Blätter, während eine Wasserpfeife die euphorisierende Wirkung verstärkt.

Gehörte sie zu den Maori, hätte Pippa Middleton ihrer Schwester Kate niemals die Show stehlen können. Dort haben die Schwestern der Braut auf einer Hochzeit nichts zu suchen. Erscheinen sie doch, droht ihnen nach Meinung der Ureinwohner Neuseelands Unfruchtbarkeit.

Die Inuit der Arktis sind keine Freunde großer Zeremonien. Sie heiraten mitunter so oft wie Gerhard Schröder und Joschka Fischer zusammen: gut und gerne neunmal. Sind keine Kinder geboren, ist es ohne Probleme möglich, den Ehepartner zu wechseln. Unter Freunden können Ehefrauen, deren Einverständnis vorausgesetzt, sogar getauscht werden.

Farbenfrohe Körperbemalung, zwei Meter hoher Kopfschmuck, Trommeln und Tanz die ganze Nacht – eine Hochzeit in Papua-Neuguinea feiert man gern mit einem traditionellen »sing sing«, nicht zu verwechseln mit dem gleichnamigen Gefängnis im US-Bundestaat New York. Beim Stamm der Kewa sind dort vor allem die Männer scharf aufs Heiraten. Für

Menschen der westlichen Hemisphäre ebenfalls kaum vorstellbar: Unverheiratete Kewa-Männer über 25 Jahren haben Exotenstatus. Junggesellen gelten als »rubbish-man«, Abschaum.

Junggesellenabschied

Der Junggesellenabschied basiert (wie seine ländliche Variante, der Polterabend) auf der Annahme, dass mit der Hochzeit der Ernst des Lebens beginne. Ohne diese Schutzbehauptung würde es nur halb so viel Spaß machen, eine Sause zu veranstalten, die aussieht wie Kinderfasching mit Alkohol. Wo das enden kann, zeigen zwei amerikanische Popcorn-Filme: »Hangover« (für ihn) und »Brautalarm« (für sie). Die Jungs taumeln ins Delirium, die Mädchen schwelgen im Hochzeitskitsch.

Wer es nicht bis nach Las Vegas schafft, treibt in deutschen Fußgängerzonen sein Unwesen. Kostümiert mit bedruckten T-Shirts (»Das war's«) oder Plastikkrönchen, drängen dort Brautleute samt ihrer Gefolgschaft peinlich berührten Passanten Küsse auf.

Die gängigen Varianten

Bei der **Hardcore-Version** spielen professionelle Strip-Tänzerinnen eine Rolle. Dies kann zum Schock bei der Braut führen, wie sich in Internet-Foren nachlesen lässt.

Bei der **Fußgängerzonen-Variante** stellen Freunde peinsame, angeblich lustige Aufgaben wie:

- im Bauchladen Handschellen und Kondome verkaufen,
- Sirtaki-Tanzen auf dem Rathausplatz,
- öffentliche Beinenthaarung mit Kaltwachs.

Ziehen Sie nach der Hochzeit ins Ausland? Dann nur zu. Bei der **harmlosen Nummer** fahren die Damen mit der Stretchlimo ins Wellness-Hotel, wo sie alle Staffeln von »Sex and the City« gucken; die Jungs gehen zum Rafting.

Traditionell organisiert der beste Kumpel des Bräutigams beziehungsweise die beste Freundin der Braut das Spektakel, das sich bei jungen Ersthochzeitern wachsender Beliebtheit erfreut. Die Brautleute sollen, so der Gedanke, getrennt voneinander ein »letztes Mal in Freiheit« über die Stränge schlagen. Da sich danach mindestens ein Tag Ruhe empfiehlt, sollte der JGA nicht am Vorabend der Trauung stattfinden!

Sie merken schon, wir sind kein Fan der ganzen Sache, wollen Sie aber nicht abhalten. Eigentlich halten wir es nämlich für egal, ob Sie rosa Cocktails schlürfen oder Geld im Casino verjubeln, solange Sie wissen, um was es geht: um Momente der Ausgelassenheit, Wahrheit und Sentimentalität mit Ihren Freunden. Der Junggesellenabschied soll weder Freiheit verabschieden noch die bevorstehende Hochzeit feiern. Er feiert einzig und allein die Freundschaft.

***Merke:* Eine Ehe ist kein Grund, Freunde zu vernachlässigen! Sie werden sie brauchen.**

Der schönste Tag im Leben?!

Ehrlich gesagt, von unseren insgesamt drei Hochzeiten haben wir zwei in nicht so glücklicher Erinnerung. Wir vermuten, dass wir damit dem bundesrepublikanischen Durchschnitt getrübter Eheschließungen ziemlich nahekommen.

Es ist nur wenigen Paaren bewusst, aber die Hochzeit symbolisiert die Verdichtung ihrer Ehe auf einen einzigen Tag. Im Hochzeitstag ist alles angelegt, was noch kommen mag: Illusionen und Missverständnisse, Streit um Familie, Räumlichkeiten und Geld, Kompromisse und Enttäuschung, nicht zuletzt große Erschöpfung und weniger Spaß als erwartet.

»Der Hochzeitsmarsch erinnert mich immer an die Musik, die gespielt wird, wenn Soldaten in den Kampf ziehen«, ätzte der Polemiker Heinrich Heine. Fakt ist:

Der schönste Tag im Leben gestaltet sich für viele Paare vor allem als einer der anstrengendsten.

Die Vorbereitungen gleichen denen eines G8-Gipfels, und Ihnen stehen vermutlich keine Protokollchefs zur Seite, die Ihnen die Arbeit abnehmen. Organisiert werden müssen Ort der Trauung, Räumlichkeiten für die Feier, Bewirtung, Tischordnung, Deko und Musik, Anreise und Unterbringung der Gäste, des Weiteren natürlich Kleid der Braut, Ringe, Blumen, Ziel der Flitterwochen.

Vielleicht besteht sie auf einer bombastischen Hochzeit, wie man sie aus rührenden Kinofilmen kennt, während er eine coole, kleine Party im Sinn hat. Er will seinen Freund schnell ein paar Schnappschüsse machen lassen, sie wünscht sich einen offiziellen Fototermin am Seerosenteich. Sie ist für extravagante Menüfolgen, er für ein einfaches Buffet. Er will in den Flitterwochen zum Trekking nach Island, sie träumt von Capri, wo die Sonne so schön im Meer versinkt.

Der Zündstoff ist enorm, und bis man eine Einigung in allen Punkten gefunden hat, ist mitunter Krisenmanagement nötig.

Die Hochzeitsvorbereitungen können ein Paar an den Rand des Wahnsinns treiben – oder zumindest in die Nähe der Frage, ob sie das alles wirklich wollen. Der Hochzeitstag selbst soll dann natürlich perfekt sein und total entspannt! Zusätzlicher Stress. Kein Wunder, dass viele Ehepaare später berichten, sie hätten von ihrer eigenen Hochzeit nicht viel mitbekommen. Oder ihren großen Tag gar nicht genießen können.

Alles selbst erlebt. Wir zum Beispiel wurden Stunden vor der Trauung vom Schmerz eines absterbenden Zahnnervs überfallen; ein schlechtes Omen, das wir mit schwersten Betäubungsmitteln zu unterdrücken suchten. Wir kennen auch die Weltuntergangsstimmung an einem Hochzeitstag im Juni, an dem es von morgens bis abends aus bleigrauem Himmel schüttet, während drinnen im schmucklosen Saal Gewitterstimmung herrscht: Pünktlich zur Feier war das Verhältnis zu den Schwiegereltern erst mal zerrüttet. Als ehrgeizige Turniertänzer hatten sie sogar den Hochzeitswalzer eröffnet.

Die Belastungen für die Hochzeitsgesellschaft waren erstaunlicherweise gering. Die Erfahrung lehrt, dass unter solchen Desastern, wie auch unter durchschnittlichem Essen oder dilettantischer Band, in erster Linie die Veranstalter leiden, seltener das aufgeräumte Partyvolk. Brautleute aber fühlen sich nach dem Jawort oft so, als seien sie durch den Fleischwolf gedreht worden. Vielleicht stammt daher die Sitte, sich auf einer Hochzeitsreise zu erholen. Es ist einfach furchtbar strapaziös, organisatorisch wie emotional.

Das ist normal, war früher auch nicht anders und gilt für alle Beteiligten. Trost und Unterstützung bieten Film und Literatur, die die Hochzeit als beliebtes Krisenmotiv verwerten. Wer erfahren möchte, wie Trauungen entgleisen, sehe sich die Komödie »Vier Hochzeiten und ein Todesfall« an, ein Potpourri der Peinlichkeiten: quälende Tischreden (»… alle seine Freundinnen waren bislang richtige Nieten. Ich freue mich, dass so viele von ihnen heute hier sind!«), zerstreute Geistliche (»und mit dem Heiligen Geiz …«), schusselige Brautjungfern, die derangiert am Altar erscheinen.

Schon der gute Lewin aus Leo Tolstois Ehe-Klassiker »Anna Karenina« ist völlig überfordert und verspätet sich wegen eines fehlenden Hemds sogar bei der eigenen Trauung. Dort lästert die gute Gesellschaft Moskaus bereits. Nur wenige Damen sind abgelenkt von ihren wehmütigen Gedanken daran, wie verliebt ihre eigenen Gatten einst in sie waren, »und wie alles jetzt so ganz anders« ist.

Weinen deshalb so viel ältere Frauen auf Trauungen?

Enttäuschungen vermeiden

Generell leiden Hochzeiten am selben Problem wie Weihnachten und Sylvester: Die Glückserwartungen an einen einzigen Tag sind einfach zu hoch. Der Tag verweigert sich, indem er enttäuscht.

Sie können dem vorbeugen. Betrachten Sie Ihre Hochzeit weniger als Statussymbol denn als privates Glück, das Sie mit Familie und Freunden teilen wollen.

Langzeitstudien haben herausgefunden, dass die Zufriedenheit von Liebenden miteinander um die Hochzeit herum am größten ist. Verderben Sie sich diese Zeit nicht mit Perfektionswahn. Genießen Sie sie.

Schulen Sie an übergriffigen Eltern und unerzogenen Freunden Ihren Humor.

Extra-Tipp: **Reservieren Sie sich eine Zeit, in der nur Sie beide wissen, dass Sie heiraten wollen. Ohne Fragen nach dem »wann, wo, wie« behält das Vorhaben seinen intimen Zauber, der Sie noch lange trägt.**

Teurer Spass

Aufwändige Hochzeiten liegen im Trend. Wo Konventionen bedient werden, wird es teuer. Heiraten muss jedoch nicht die Welt kosten. Drei Tickets in den siebten Himmel:

Economy

Eine einfache standesamtliche Trauung an einem Wochentag, ohne Musik und feierliche Rede dauert nur ein paar Minuten und kostet um die 100 Euro (Anmeldung der Eheschließung von Brautleuten mit deutschen Pässen: 33 Euro, die beglaubigte Abschrift aus dem Familienbuch sowie die Heiratsurkunde: 15 Euro, Zuschlag für ein frei gewähltes Standesamt: 33 Euro.

Hinzu kommen Gebühren für die Meldebestätigung des Einwohnermeldeamtes). Seit dem 1. Juli 1998 steht es dem Brautpaar frei, Trauzeugen zu benennen. Auch ein Ringtausch ist nicht Pflicht. Wer ohne heiratet und anschließend zu McDonald's geht, dürfte mit 150 Euro hinkommen. Den Sozialamts-Nachfolger ARGE um Kostenbeihilfe zu bitten, ist laut Berliner Bundesministerium für Arbeit und Soziales in aller Regel hoffnungslos.

Business

Brautkleid und Hochzeitsanzug für Standesamt und kirchliche Trauung, Schuhe, Ringe, Friseur, Brautstrauß, Kutsche oder Limousine, Saaldekoration, Sektempfang, Essen und Getränke, Band bzw. DJ, Fotograf, Hotelübernachtung, Menü- und Tischkarten, Danksagungen und Flitterwochen – bei einer großen Hochzeit mit etwa 80 Gästen kommen leicht 15 000 Euro zusammen.

First Class

Ein Beispiel aus dem Bekanntenkreis: Drei Tage feierte das Paar mit 300 Gästen am Comer See. 100 davon wurden aus den USA eingeflogen und im 5-Sterne-Hotel »Villa d'Este« untergebracht. Im Saal und auf der Terrasse spielten ein Streichquartett sowie eine Swingband, während Schmetterlingsschwärme aus Seidenkistchen in den Himmel stiegen. Die Torte hatte ein New Yorker Wedding-Cake-Designer geliefert. Geschätzte Mindestkosten: anderthalb Millionen Euro, die der Vater der Braut bezahlte. Comer-See-Stammgast George Clooney war trotzdem nirgendwo zu sehen.

Das Kleid der Kleider

Eine klassische Hochzeit verlangt ein richtiges Brautkleid. Wie in allen Fragen des Geschmacks kann die Erfahrung von Profis* nur nützen.

- Die Braut ist der Star. Das Kleid muss das zeigen.
- Bedecken Sie trotzdem Brüste, Bauchnabel und Oberschenkel.
- Ein wirklich elegantes Kleid ist lässig und dezent.
- In Frage kommen nur sündhaft teure Stoffe.
- Kenne Deinen Typ! Wenn nicht, finden Sie jemanden, der über einen gnadenlos guten Geschmack verfügt.

* Inspirierend: www.kaviargauche.com sowie www.annewolf.de

- Vorsicht bei hartem Weiß: es steht nur wenigen. Besser ist schmeichelndes Creme.
- Form follows function: Lange Schleppen sind riskant, schwere Kleider und 13-Zentimenter-Heels unbequem. Bei der Anprobe kurzer Kleider: unbedingt hinsetzen.
- Margaritenkränze im Haar funktionieren nicht bei Ü-30-Bräuten.
- Unsichtbar ist nur hautfarbene Unterwäsche.
- Nein, Sie hungern sich nicht in ein zu kleines Brautmodell.

Die liebe Familie

Wer im großen, traditionellen Stil heiraten will, muss wissen: Die liebe Familie verhält sich wie üblich. Immer steht einer quer im Stall.

- Der Brautvater ist sauer, dass er seine Rede bei der Trauzeugin der Tochter anmelden soll.
- Die Mutter besteht darauf, dass am Abend auch Tanzmusik für ältere Semester gespielt wird.
- Die Schwester zürnt, weil sie ihre Schwiegereltern in spe auf der Gästeliste vermisst.
- Die Großmutter ist schmallippig geworden, seit sie weiß, dass das Paar nicht in der Kirche heiratet.
- Die Cousinen protestieren, da Kinder nicht eingeladen sind.

Wie soll ein Brautpaar berechtigte Einwände von unerlaubter Einmischung trennen? Verbindliche Regeln, an denen man sich orientieren könnte, fehlen. Im Prinzip gilt: Erlaubt ist, was gefällt. Nur: wem? Dem Brautpaar? Seinen Familien?

Früher war nicht alles besser, doch manches einfacher: Üblicherweise waren die Eltern Gastgeber ihrer Kinder. In der Regel zahlte der Vater der Braut. Eine Selbstverständlichkeit also, dass die Frau Mama die Gästeliste austüftelte und das Familienoberhaupt sie abnickte. Das Brautpaar hatte nichts zu melden, bot aber auch keine Angriffsfläche. Das ungeschriebene Gesetz lautete: Wer zahlt, bestimmt.

Heute sind Brautleute in aller Regel selber Gastgeber, versenden die Einladungskarten, suchen aus, was im Restaurant auf den Tisch kommt oder wer zum Tanz aufspielt. Immer noch aber finanzieren viele Eltern die ganze Chose. Das bringt erwachsene Kinder heute in die Defensive. Wessen Eltern zur eher erpresserischen Sorte gehören und wer es sich leisten kann, sollte seine Hochzeit vermutlich besser selber bezahlen und sich stattdessen Geld für spektakuläre Flitterwochen spendieren lassen. Aber selbst diejenigen, die keinen Obolus leisten, melden sich zu Wort.

Darf die Familie etwa keine Wünsche äußern? Aber selbstverständlich. Großmut fördert den Familienfrieden. Nachgiebigkeit gilt nur für Kleinigkeiten:

- Ja, Papa, du hast recht. Du hat es nicht nötig, deine Rede bei der Trauzeugin anzumelden. Ich erledige das für dich, denn sie möchte als Festmanagerin den Überblick behalten.
- Ja, Mutter, der DJ wird sicherlich auch drei flotte Stücke von Tom Jones auf der Festplatte haben.

Bleiben Sie dagegen stur, wenn es um grundsätzliche Dinge geht:

- Nein, Schwesterherz, wir werden deine uns völlig unbekannten Schwiegereltern in spe sicher nicht einladen. Du verstehst sicher, dass wir nur mit Menschen feiern möchten, die uns wichtig sind.
- Nein, Oma, wir sind beide aus der Kirche ausgetreten und möchten es bewusst bei der standesamtlichen Trauung belassen.

Es versteht sich von selbst, dass hierbei »diplomatische Kompromissbereitschaft und kluge Zurückhaltung« vonnöten sind, wie Marina Litterscheid, Chefredakteurin von »Magazin Hochzeit«, rät. In schwierigen Fällen empfiehlt sie ein Hochzeitskomitee, bestehend aus einem Elternteil, dem Hochzeitspaar, einem Trauzeugen sowie zwei neutralen Personen. Jeder kann seine Belange vortragen, dann wird entschieden. Verbindlich.

Bleibt die Geschmacksfrage: Darf ein Brautpaar Kinder ausdrücklich von der Einladung ausnehmen? Keinesfalls, finden wir. Allein deshalb, weil sie die schönsten Hochzeitsbilder garantieren. Beweis 1: Das Foto vom Hochzeitskuss zwischen William und Kate, auf dem sich die übellaunige, dreijährige Grace die Ohren zuhält. Beweis 2: Die Hochglanzaufnahmen von Kate Moss auf ihrer britischen Landhochzeit. Ihre entzückenden Blumenmädchen verleihen dem Supermodel eine Unschuld, welche wir längst verloren glaubten.

Flucht nach Las Vegas

Es gibt einen Weg aus dem Hochzeitswahnsinn: Las Vegas! Elvis hat dort geheiratet, eine Menge Hollywoodstars, man gilt als Nachahmer also als verwegen glamourös und spart doch Geld und Nerven.

Tatsächlich macht die Wüstenstadt, in der Eheschließung ein florierendes Business ist, spontanes Heiraten leicht. Trauzeugen und Brautkleid lassen sich mieten. Die Formalitäten dauern ein paar Stunden und erfordern lediglich den gültigen Reisepass sowie rund 115 Dollar für Lizenz und Zeremonie. Extras wie Fotos (18 Motive für 75 Dollar), Bouquet (ab 35 Dollar) und Champagner in kitschigen Kapellen kommen hinzu.

Die Ehe muss in Deutschland mit einigem bürokratischen Aufwand anerkannt werden. Gültig ist sie dennoch. Das hat schon manche gegrämt, die ihren Spontan-Entschluss bereuten.

Warnung: **Las-Vegas-Blitzehen gehen auffällig rasant in die Brüche.**

Prominente Pleiten

6 Jahre hielt das Glück von **Elvis Presley und Priscilla Ann Wagner**. Ihr Hochzeitstag in Vegas: 1. Mai 1967

4 Jahre dauerte die Ehe zwischen **Cindy Crawford und Richard Gere**, die am 12. Dezember 1991 geheiratet hatten.

2 Jahre waren **Frank Sinatra und Mia Farrow** verheiratet, die sich im Sands Hotel in Las Vegas getraut hatten.

1,5 Jahre blieben **Lothar Matthäus und seine**

Liliana Tchoudinova ein Paar. Sie hatten sich Neujahr 2009 das Jawort gegeben.

4 **Wochen** hielt das Eheglück zwischen **Dieter Bohlen und Verona Feldbusch**.

9 **Tage** dauerte es, bis Basketballer **Dennis Rodman** nach dem Ja zu **Carmen Electra** am 14. November 1998 wieder zu Verstand kam. Die Ehe wurde annulliert.

55 **Stunden** dauerte die Ehe von **Britney Spears** mit ihrem Jugendfreund **Jason Alexander**. Die beiden hatten am 3. Januar 2004 Ja gesagt, um fünf Uhr früh und in Champagnerlaune.

In dieser Liste will man sich nicht wiederfinden. Ermutigend wirkt hingegen die Liebe zwischen **Steffi Graf und Andre Agassi**. Sie heirateten im Oktober 2001 in Las Vegas – barfuß, in Jeans und mit Ringen aus gezwirbeltem Bast. Im heimischen Garten, nicht in der Kapelle!

Was soll der Unfug? Schlechte Gründe, gute Gründe

Wem der ganze Hochzeitskrampf über den Kopf wächst, mag sich mit dem Schriftsteller Theodor Fontane trösten, der im Leben auch bisweilen haderte: »Was soll der Unsinn? Eine Frage, die überhaupt ganz und gar von mir Besitz zu nehmen droht.«

Warum wollen Sie eigentlich heiraten? Darauf brauchen Sie eine Antwort. Aber seien Sie ehrlich.

Schlechte Gründe für eine Ehe

- Ich möchte Steuern sparen …
  Wenn beide berufstätig sind, lohnt die Ehe steuerlich kaum.

- Mein Partner ist reich …
  Eine gute Partie ist nicht mal mehr ein Garant für finanzielle Sicherheit, siehe »Der Ehevertrag«.

- Ich bin frisch und rasend verliebt …
  Schön, aber Verwirrte sind nur eingeschränkt handlungsfähig.

- Ich fühle mich verpflichtet, weil mein Partner unbedingt will …
  Bedenkenswerter Grund. Hoffentlich nicht Ihr einziger.

- Wir sind schon so lange zusammen …
  Klingt nach Verzweiflungstat. Merke: Wem die Kraft zur Trennung fehlt, muss sich noch lange nicht zur Trauung zwingen.

- Ich will auch einmal Prinzessin sein …
  Vorsicht: Wenn Sie älter als 21 sind, könnte eine narzisstische Persönlichkeitsstörung vorliegen.

Gute Gründe für eine Ehe

- Wir wünschen uns Kinder …
  … und die haben es gerne ordentlich und sind furchtbar romantisch.

- Wir möchten uns zueinander bekennen …
  In Zeiten der totalen Freiheit ein Akt schönster Verwegenheit!

- Wir sind schon so lange zusammen …
  Kann auch eine gute Voraussetzung sein. Die Ehe ist eine Institution für eingespielte Komplizen, nicht für verknallte Dilettanten.

- Der Geruch ihres Nackens macht mich immer noch schwach …
  Ekstase ist ein guter Grund. Sie sollten verrückt nacheinander sein! So lange wie möglich.

- Wir passen so gut zueinander …
  Wenn Sie beide das Beste ineinander wecken, be-

steht die Aussicht auf ein harmonisches Miteinander. Eigentlich ist es garantiert.

- Es rührt mich, wenn er mir Pudding kocht …
  Ja, es macht glücklich, sich umeinander zu kümmern. Bewahren Sie sich Ihre zärtlichen Gesten.

- Wir lieben uns …
  Touché. Alles Gute!

Dechiffriert: Sprüche zur Trauung

Keine Trauung ohne kluge Sprüche. Schade eigentlich, dass die meisten Brautpaare in diesem aufwühlenden Moment gar kein Ohr dafür haben. Es handelt sich nämlich nicht um ein poetisches Rahmenprogramm, sondern um eine Anleitung zum ehelichen Glück, wenn nicht gar um eine Lektion in Sachen Lebensführung. Es ist immer wieder erstaunlich, wie lange es dauern kann, einfachste Zweizeiler tatsächlich zu begreifen. Manche verstehen sie nie.

Die Liebe ist langmütig und freundlich, die Liebe eifert nicht, die Liebe treibt nicht Mutwillen, sie bläht sich nicht auf; sie verhält sich nicht ungehörig, sie sucht nicht das Ihre, sie lässt sich nicht erbitten, sie rechnet das Böse nicht zu; sie freut sich nicht über Ungerechtigkeit, sie freut sich aber an der Wahrheit; sie erträgt alles, sie glaubt alles, sie hofft alles, sie duldet alles. Die Liebe hört niemals auf.

Korinther 13, 4-8a

Nobody's perfect: Seid nachsichtig miteinander, habt Geduld und verzichtet auf kleinliche Rechthaberei. Keine Machtspiele! Großherzigkeit heißt die Devise.

Nun aber bleiben Glaube, Hoffnung, Liebe, diese drei; aber die Liebe ist die größte unter ihnen.

Korinther 13, 13

Es gibt sie, diese gnadenlosen Zeiten, in denen eine Katastrophe die nächste jagt. Da hilft nichts. Nur die Liebe. Sie tröstet, sie baut auf, sie kräftigt.

Wo du hingehst, da will ich auch hingehen; wo du bleibst, da bleibe ich auch. Dein Volk ist mein Volk, und dein Gott ist mein Gott.

Ruth 1, 16

Hier geht es nicht um masochistische Abhängigkeit, sondern um bedingungslose Liebe. Und um den festen Willen: Wir ziehen an einem Strang.

Lasst uns nicht lieben mit Worten noch mit der Zunge, sondern in Tat und Wahrheit.

1. Johannes 3, 18

Nicht reden, machen! Was ist besser als große Worte? Ein winziges Geschenk. Kleiner Scherz. Sie wissen schon, was wir meinen.

… lasst Raum zwischen Euch.
Und lasst die Winde des Himmels zwischen Euch tanzen.
Liebt einander, aber macht die Liebe nicht zur Fessel;
lasst sie eher ein wogendes Meer zwischen den Ufern eurer Seelen sein.

… Und steht zusammen, doch nicht zu nah:
Denn die Säulen des Tempels stehen für sich,
und die Eiche und die Zypresse wachsen nicht im Schatten der anderen.

Khalil Gibran

Lasst euch in Ruhe! Hängt nicht wie Kletten aneinander.
Freut euch an der Einzigartigkeit des anderen.

morgens und abends zu lesen

der, den ich liebe
hat mir gesagt
daß er mich braucht.

darum gebe ich auf mich acht
sehe auf meinen weg und
fürchte von jedem regentropfen
daß er mich erschlagen könnte.

Bertolt Brecht

Nicht vergessen: Es macht glücklich, gebraucht zu werden.

Videoabend: Zehn Filme für Hochzeiter

Der Filmkritiker Michael Althen hat einmal geschrieben, romantische Liebesfilme seien dazu gut, »die Hoffnungen paarungswilliger Zuschauer zu bekräftigen«. Das kann nicht schaden, wenn man heiratet.

Romantische Komödien und Dramen wirken wie eine Mini-Paartherapie: Sie spiegeln unsere Erinnerungen und Träume, klären unsere Gefühle und entlassen uns als bessere Menschen voll Sehnsucht und gutem Willen. Man muss kein Cineast sein, um das zu spüren, wenn man sich beim Abspann wiederfindet mit einem schmachtenden Herzen.

Lehnen Sie sich also zurück und lassen Sie sich ergreifen:

»Die Nacht vor der Hochzeit«

George Cukor, USA 1940

Eine verwöhnte Millionärstochter steht vor der zweiten Hochzeit, als ungebetene Gäste auftauchen: der leichtlebige Vater, Klatschreporter sowie ihr Exmann. Komödien-Klassiker mit Katherine Hepburn und Cary Grant: Smart, abgebrüht und very funny. Bloß nicht das Remake mit Grace Kelly (»High Society«) gucken!

»Ariane – Liebe am Nachmittag«

Billy Wilder, USA 1955

Audrey Hepburn, Cary Cooper und das Hotel Ritz in Paris spielen Hauptrollen in diesem Herzschmelzer. Eine unschuldige Musikstudentin gibt sich einem Playboy gegenüber als Femme fatale aus, um sein Interesse zu wecken. Merke: Jede noch so frivole Affäre kann in den Hafen der Ehe führen.

»Green Card«

Peter Weir, USA/Australien 1990

Ein klobiger Franzose (Gérard Depardieu) und eine Umweltaktivistin aus New York (Andie MacDowell) schließen eine Zweckehe: Er erhält die Green Card, sie eine tolle Wohnung. Liebeskomödie mit der Botschaft: Es lohnt sich bei Männern oft, zweimal hinzuschauen.

»Vater der Braut«

Charles Shyer, USA 1991

Daddys kleines Mädchen ist verliebt und treibt das Familienoberhaupt (Steve Martin) mit strapaziösen Hochzeitsvorbereitungen in Alpträume und Wehmutsanfälle. Eine etwas andere Liebesgeschichte: die zwischen Vater und Tochter.

»Scenes from a Mall – Ein ganz normaler Hochzeitstag«

Paul Mazursky, USA 1991

Wuchtbrumme Bette Midler und Unglücksrabe Woody Allen als Ehepaar am 16. Hochzeitstag. Immer noch glücklich! Bis sie sich aussprechen. Vergnüglicher Ausblick auf später. Natürlich wird alles gut.

»The Thing Called Love – Die Entscheidung fürs Leben«

Peter Bogdanovich, USA 1993

Eine Gruppe junger Musiker sucht in Nashville, Tennessee, nach Liebe und Erfolg. Jugend, Lebensträume und ein ziemlich unwiderstehlicher Heiratsantrag vor Elvis Presley's Graceland, alles getränkt mit wundervollen Country-Songs.

»Der schönste Tag im Leben«

Jo Baier, Deutschland 1996

Hier läuft der große Tag selbst aus dem Ruder. Zwei Großstädter (Martina Gedeck, Heio von Stetten) planen eine kleine, coole Vermählung, bis die niederbayerische Verwandtschaft auf einer zünftigen Dorfhochzeit besteht. Es folgt der blanke Wahnsinn. Zum Schreien komisch und sehr tröstlich: So schlimm wird es wohl nicht kommen?!

»She's so Lovely – Alles aus Liebe«

Nick Cassavetes, USA 1997

Wahnsinns-Liebe für Fortgeschrittene: Sean Penn und Robin Wright als kaputtes Paar, dessen unbedingte Gefühle Gewalt, Drogen, Knast und Jahre der Trennung überdauern. Starker Tobak!

»My Big Fat Greek Wedding«

Joel Zwick, USA 2002

Ein beinahe spätes Mädchen (Nia Vardalos) verliebt sich in einen schnuckeligen Amerikaner (John Corbett). Vor das Glück des Paares haben die Götter jedoch ihre griechische Mischpoke gesetzt, die seine zurückhaltenden Eltern verschreckt und sich in alles einmischt. Lustiges Kuddelmuddel der Kulturen. Familie: Can't live with them, can't shoot them.

»Another Year«

Mike Leigh, England 2010

Das Leben verstreicht, und es ist hart. Enttäuschungen, Krisen, Schmerz kommen so sicher wie der Wechsel der Jahreszeiten. Wohl dem, der nicht alleine ist! Gefühlvolles Porträt eines glücklichen Paares, das in Liebe, Humor und Anstand miteinander alt wird.

Zugabe – viereinhalb Minuten Rührung:
http://www.youtube.com/watch?v=mhp4XKqtpYI

Clip aus »Die Sendung mit der Maus«. Kinder erklären die Liebe: »Sie ist noch wichtiger als ein Goldschatz. Für mich. Und Freundschaft auch.« … Ach, ist es nicht kinderleicht?

Ein Ehepaar sein

Zurück aus den Flitterwochen

Glückwunsch! Sie haben es geschafft. Das »Ja« wurde, je nach Temperament, ausgerufen oder geflüstert, die Braut erhielt ihren Kuss, Rosenblätter schwebten in lauer Luft, allenthalben Rührung und Freude. Die Hochzeitsfeier lieferte ausreichend Gesprächsstoff für die Flitterwochen: War die Rede deines Vaters nicht wunderbar? Wer war denn die im Leopardenkleid? Und ist es nicht unglaublich, wie lange so eine verdammte Brautentführung dauern kann?

Die Nachbesprechungen ließen, wollen wir hoffen, genügend Muße für den Sinn des Honeymoon: die Selbstbeschwörung der Liebe an einem idyllischen Ort.

Der Begriff »Flitterwochen« leitet sich vom althochdeutschen filtarazan (»liebkosen«) und dem mittelhochdeutschen gevlitter (»heimliches Lachen«) ab, was ganz von alleine jenen Zeitvertreib erläutert, für den Reisende auf Hawaii oder Capri selbst sorgen.

Die Fotos aller Hochzeitsreisen zeigen zwei immer gleiche Motive: verschlungene Hände mit funkelnagelneuen Eheringen und Küsse bei Abendrot. Extrovertiertere Typen filmen eheliche Intimitäten. (Hier ist Sorgfalt bei der Verwahrung des Materials geboten, will man die Erinnerung nicht später mit Publikum teilen, so wie Baywatch-Bombe Pamela Anderson und ihr einstiger Mann Tommy Lee.)

Flitterwöchner sind sich selbst Attraktion genug; sogenannte Sehenswürdigkeiten am Reiseziel stören nur. Abenteuerreisen in Canyons hebt man sich für Zeiten auf, in denen man öde fände, womit sich Honeymooner so hingebungsvoll beschäftigen: Strand, Schampus, Schmachten und das verzückte Staunen über die Tatsache, dass sie es wirklich getan haben! Sie sind verheiratet.

Flitterwochen gehören zu den schönsten Ferien, die Sie je verbringen werden.

Und dann, zack!, sind sie vorbei.

Es folgt, was viele als zerstörungswütiges Monstrum beschreiben, das sich wie ein unheimlicher Dauergast zu Hause einnistet: der Alltag. Im Gepäck, das er überall verstreut herumliegen lässt, führt er einen Haufen Probleme, die sich um Familie, Macht, Geld drehen, vor allem aber um den Haushalt. Kein Wunder, dass sich viele Paare vor dem Alltag fürchten: Er bringt Abnutzung. Enttäuschung. Frust. Wenn sie ihm zum zehnten Mal erklärt, dass in diesem liberalen Haushalt jeder seine dreckige Wäsche selbst in die Maschine werfen darf, bleibt von Romantik wenig übrig. Vertrautheit, so droht ein alter Spruch, schafft Verachtung.

Der Realitätsschock

Liebe in der Wirklichkeit sieht anders aus als Liebe in den Flitterwochen. Glücksforscher wissen, dass die beflügelnde Wirkung der Hochzeit auf die individuelle Zufriedenheit nur temporär ist. Zwar markiert die Trauung auf der Glückskurve des Lebens ein absolutes Hoch, doch führt diese Kurve nach ein bis zwei Jahren wieder bergab; entweder auf den Wert vor der Hochzeit oder gelegentlich noch steiler abwärts.

Manche geben die ganze Schuld daran der Institution Ehe. Der Filmemacher Wim Wenders erzählte in einem Interview von einem befreundeten Paar, das zwölf Jahre gut miteinander gelebt habe und bis an sein Lebensende glücklich gewesen wäre: »Dann haben sie geheiratet, und in drei Wochen war alles vorbei.«

Das gibt es wirklich, wir haben es am eigenen Leib erfahren. Wir müssen daher dringend davon abraten, erst nach der Hochzeit zusammenzuziehen, auch wenn Sie sich sicher wähnen, weil Sie schließlich schon seit acht Jahren ein Paar sind. Beiden Beteiligten droht sonst ein Realitätsschock, der durch den Streit darüber ausgelöst werden kann, wer, sagen wir, den leeren Wasserkasten zu entsorgen habe. Ein Stellvertreterkrieg, natürlich. Eigentlich geht es um die Frage, ob in dieser Partnerschaft Machtwille oder Kompromissbereitschaft überwiegt. In unserem Falle war die Liebe nach drei Monaten am Ende. Schuld war weder Ehe noch Alltag, sondern unser idiotischer Mangel an Menschenkenntnis.

Es gibt diesen großen, faszinierenden Beziehungsirrtum: Nach der Hochzeit folgt das Happy End, und zwar automatisch. Ein Irrglaube, dem besonders diejenigen verfallen, die eine strapaziöse On-and-off-Beziehung legalisieren wollen. Wer die Hochzeit für den Moment hält, ab dem sich das Glück von alleine einstellen wird, weil die Lebensentscheidung ja nun getroffen ist, betrachtet sich als Restaurantgast, der sich nach Bestellung eines 5-Gänge-Menüs zufrieden zurücklehnt und wartet. Für die Ehe gilt: Sie müssen sich Ihr Glück schon selber kochen.

Also doch: zum größten Teile »vabrühte Milch und Langeweile«, wie Kurt Tucholsky die Zweisamkeit bespöttelt? Auf jeden Fall gefährden zwei Faktoren, die sich auf perfide Weise gegenseitig potenzieren, die ersten Jahre: zum einen reale Konflikte, die durch das Zusammenleben unvermeidlich entstehen, sowie die »Tendenz von Beziehungen, von selber schlechter zu werden«, wie es der Paartherapeut Hans Jellouschek so nüchtern beschreibt. Ein Mehr an Problemen geht also einher mit einem Weniger an Bereitschaft, darüber hinwegzusehen. Das liegt unter anderem an den

Hormonen, die anfangs rosa Brillen und Dauertoleranz zauberten und sich nach wenigen Jahren Verliebtheit wieder auf Normal einpendeln. Neurobiologen behaupten, das sei der Lauf der Dinge.

Alles zusammen nennen Psychologen »Habituierungsprozesse«.

Der spirituelle Guru Deepak Chopra, ein gescheiter Mann, hat romantische Liebende einmal mit Kindern verglichen, die den Alltag ausblenden wollen: »Die erste Zeit der Liebe ist wie Ferien, Partnerschaft ist wie Schule. Das ist mühsam, und deshalb stirbt in der Ehe oft die Lust. Konflikt, Enttäuschung und Schmerz breiten sich aus. Wenn die Sache böse ausgeht, stehen am Ende völliger Vertrauensverlust und Betrug – das ist die ganze Geschichte.«

Dein Freund, der Alltag

So weit wollen Sie es nicht kommen lassen. Jammern Sie also nicht über den Alltag, und fürchten Sie ihn nicht. Es ist nicht hilfreich; außerdem sind Sie immerhin zu zweit, und er ist allein. Der Alltag ist kein Feind, der beharrlich in Schach gehalten werden muss. Betrachten Sie ihn als Ihren Freund, und geben Sie ihm schon mal gleich einen netteren Namen: »das tägliche Leben«. Wie das aussieht, entscheiden übrigens Sie. Sie sind völlig frei, es höchst angenehm, ja romantisch zu gestalten. Das Leben der anderen, in dem Perfektionswahn und Stress regieren, ist kein Maßstab. Finden Sie Ihre eigene Form.

Dies alleine mal zu denken, erfordert Mut. Ist aber der erste Schritt heraus aus der Tretmühle.

Nestbau I: Eames oder Ikea?

Die Wahl einer gemeinsamen Wohnungseinrichtung gehört zum Stresstest einer Beziehung. Wer einmal an einem Samstag in einem führenden schwedischen Möbelhaus Paare beobachtet hat, weiß das. Männer stehen mit verschränkten Armen stumm herum, während die dazugehörigen Frauen auf Leuchten in Form einer Riesenschneeflocke deuten. In der Küchenabteilung werden manche richtig laut, andere ziehen längst mit versteinerten Gesichtern überfüllte Gänge entlang Richtung Ausgang.

Trotz solcher Auseinandersetzungen gelingt es den meisten, sich auf das gemeinsame Ziel zu besinnen: Man will ein Nest bauen und es schön haben. Die Herausforderung besteht darin, dass die Wohnung nicht nur als kuschliges Refugium gedacht ist. Ähnlich wie

Kleidung nicht nur dem Zweck dient, ihren Träger wettergerecht zu bedecken, erfüllen auch Möbel eine Repräsentationsfunktion. In einer Studie des Hamburger Trendbüros war gerade zu lesen, Interior Design sei »Ausdruck des persönlichen Lifestyles«. Soll heißen: Gäste sollen auf den ersten Blick erkennen, dass hier keine Spießer leben, sondern lässige Freiberufler/vermögende Karrieristen/statusbewusste Adlige. Je nachdem.

Wie die Mode unterliegt auch Einrichtung den Launen des Zeitgeists. Daher bringen Frauen mehr Leidenschaft dafür auf als Männer: Sie wünschen sich, wie im Kleiderschrank, gelegentlich Veränderung. Frauen rücken gerne Möbel und wollen neue Wandfarben, Männer nur auf einem Sofa sitzen, das nicht morgen woanders steht. Ihre Stil-Dominanz begründen Frauen mit der Wurstigkeit ihrer Partner, die sich ja schon an der Junggesellenbude habe ablesen lassen. Trotzdem zeigen Männer enorme Anhänglichkeit an Reliquien jener Zeit: zottelige Cordsofas etwa, die nur dulden würde, wer keine Angst vor Augenkrebs hat.

Kein Perfektionsterror!

A und O eines Zuhauses ist, dass sich ALLE zu Hause fühlen, die dort leben. Seinem Partner die Godzilla-Figuren aus Tokio wegzunehmen, ist gemein und zeugt von Kompromissunfähigkeit, die Ihnen das Leben erschweren wird.

Kein Perfektionsterror! Dem strengen Minotti-Sofa tut der angeheiratete Couchtisch vom Flohmarkt vielleicht ganz gut. Außerdem liegen Sie damit im »Bourgeois Trash«-Flohmarkt-plus-Designerstücke-Trend, in dem sich tout Berlin einrichtet (und damit beweist, dass angebliche Individualität auch ganz schön konformistisch ist. Alle diese Kreativ-Wohnungen sehen toll, aber irgendwie gleich aus.).

Unter uns: Es ist keine Schande, seinen Stil noch nicht gefunden zu haben. Lassen Sie sich inspirieren, aber nicht kirre machen (www.freundevonfreunden.com, www.theselby.com).

Wichtig: Jeder braucht ein Mini-Refugium in getrennten Räumen, zum Lesen oder Telefonieren. Im Falle von Cordsofas: Setzen Sie auf Behutsamkeit.

Unverbindliche Wohnungsbesichtigung

Die Küche: Kochen gehört zum Lifestyle. In einer zeitgemäßen Küche steht neuerdings wieder ein Holztisch, umrundet von Eames-Stühlen, von denen aus Gäste der Vorführung folgen können. Schön, wenn alle dabei von einer alten Louis-Poulsen-Pendellampe beleuchtet werden, deren Schein an die grüngestrichene Wand fällt. »Kunstgewerbemöbel!«, würde der berühmte Architekt Georg Heinrichs, 85, jetzt höhnen. Der hat dem »SZ-Magazin« einmal erzählt, wie er seine Klassiker vor 50 Jahren noch zu Normalpreisen kaufte. Heute empfiehlt er ungelogen: Ikea. Die moderne Küche verpönt Hängeschränke und präsentiert Geschirr in offenen Regalen. Und wer wischt ständig Staub?!

Das Wohnzimmer: An Ecksofas hat man sich langsam sattgesehen. Ein edles Stück verzeiht sonstiges Billigmobiliar. Vorhänge oder Rollos? Kommt darauf an, wie sehr es hallt. Parkett muss sein, Regale auch. Sie haben doch Bücher? Für Bildbände empfiehlt sich der aufgemotzte Klassiker »Billy«: tiefer, und ein schöner Rahmen für die teuren Dinger, die man wie ein Bild darin aufstellt. Ein Fernseher an der Wand ist spießig, aber praktisch. Beiläufig arrangierte Souvenirs und Kuriosa sollen von Weltläufigkeit zeugen.

Das Bad: Ein Trauerspiel, selbst bei Millionären. Nichts zu machen.

Das Schlafzimmer: … ist nicht nur zum Schlafen da. Daher dient es nicht als Stauraum für Koffer, Wäscheständer, Bügelbrett und Staubsauger! Wundern Sie sich sonst nicht über die allgemeine Lieblosigkeit, die solch ein Raum erzeugen kann. Kümmern Sie sich sorgfältig um die (indirekte) Beleuchtung. Ein oder zwei Matratzen im Doppelbett? Blöde Frage.

Nestbau II: Stadt oder Land?

Er zieht das Land vor, sie die Stadt. Das Arrangement des aufregendsten Dichterpaares der Romantik, Achim von Arnim und seiner Frau Bettina, geb. Brentano, ist ungewöhnlich: Sie leben die meiste Zeit getrennt. Sie versorgt in Berlin die sieben Kinder, er kümmert sich auf dem im Brandenburgischen gelegenen Familiengut um Stall und Vieh.

Das Durchschnittspaar wird sich auf einen gemeinsamen Wohnsitz festlegen wollen und dabei eine Grundsatzfrage klären: Stadt oder Land?

Derzeit scheint die Sehnsucht nach dem Landleben größer: Zeitschriften, die das Wort »Land« im Namen führen (»Landliebe«, »Landlust«, »Liebes Land«) finden immer noch reißenden Absatz. Laut einer Studie von infratest geben 71 Prozent der Befragten an, am liebsten auf dem Land oder zumindest am Stadtrand leben zu wollen – möglichst in einem freistehenden Haus. Die City gehört den Jungen, den Suchenden und Ungebundenen. Wer vom Markt ist, driftet an die Peripherie.

Leben auf dem Lande … das klingt nach Kachelofen und Sprossenfenstern, nach süßen Birnen und Baumhaus im Garten. Keine Parkplatzsuche mehr! Und bei schönem Wetter liegt man in der Hängematte zwischen alten Obstbäumen, statt sich mit anderen um ein freies Plätzchen am See zu rangeln. Herrlich – aber nur, wenn sie geerbt hat und er töpfert und beide kaum Verpflichtungen in der City haben.

Wer allerdings auf dem Land lebt und in der Stadt arbeitet, vergeudet wertvolle Zeit: Ein berufstätiges Paar, das pendelt und täglich je zweimal 60 Minuten unterwegs ist, verbringt bis zur Rente insgesamt vier Jahre im Auto oder dem Zug.

Auf den ersten Blick nicht so schlimm: Im Wagen kann man endlich Tolstois »Krieg und Frieden« als Hörbuch anfangen (54 CDs mit 67 Stunden Laufzeit) und in der Bahn den Laptop anwerfen. Es gibt allerdings Phasen, da zählt jede Minute. Die langen Jahre, wenn Kinder im Haus leben, beispielsweise. Wohnung, Büro, Kita, Schule, Supermarkt und Drogerie: alles in Fußnähe wäre für den Alltag ideal.

Sie erinnern sich vielleicht: Der Plan war ja, sich das tägliche Leben so angenehm wie möglich zu gestalten. Dazu gehören kurze Wege.

Eine Kollegin, mittlerweile Chefredakteurin eines erfolgreichen Wohnmagazins, verdankt ihre Karriere nebenbei auch dieser klugen Überlegung. Ihre Wohnung liegt einen Katzensprung vom Verlag entfernt, was ihr zum Beispiel erlaubt, in der Mittagspause Essen für die Tochter zuzubereiten oder in den Schulferien zwischen zwei Konferenzen schnell nach dem Rechten zu sehen.

Vor Vororten sei gewarnt

Von den uns bekannten Paaren, die nach der Hochzeit geradezu reflexhaft nach Landleben verlangten, hat es kaum jemand zu einem Kamin und Obstbäumen hinterm Haus gebracht. Aus den meisten sind »Suburb-

Existenzen« geworden, Pendler mit Reihenmittelhäusern in Vororten. Ein Kompromiss also, gerade noch bezahlbar und nicht allzu weit weg vom Schuss.

Dann vielleicht doch besser gleich die dörfliche Idylle in Zentrumsnähe? Ob Prenzlauer Berg (Berlin) oder Dreimühlenviertel (München) – Bäcker, Schuster, Arzt und Kino sind um die Ecke, man fährt mit dem Rad und kennt einander. In parkähnlichen Innenhöfen alter Wohnkomplexe spielen Kinder, während die Großen an lauen Sommerabenden »Public Viewing« veranstalten und Wein trinken.

Nur am Rande: In Vororten ist es nicht zwangsläufig kommunikativer, stiller sowieso nicht. So floh einst Heinrich Böll aus dem grünen Müngersdorf ins Herz von Köln. Noch Jahre später, so schreibt die »Kölnische Rundschau«, habe ihm der »ständige Motorenlärm der Müngersdorfer Rasenmäher in den Ohren geklungen«. 1972 rächte sich Böll in einem Essay, in dem er verächtlich die »total genormte Weekend-Gartenaktivität des Vororts« geißelt. In der Stadt wohnte der Literaturnobelpreisträger neben einer Schule und hatte zumindest am Nachmittag, wonach er verlangte: Ruhe!

Finanzplan für zwei

Wenn in einer Beziehung permanent über Geld gestritten wird, dann stimmt in dieser Beziehung ganz grundsätzlich etwas nicht. Wir stützen uns hier weder auf Studien noch auf die Ansicht von Experten, sondern alleine auf unsere Lebenserfahrung.

In einer fairen Zweisamkeit weiß jeder, was der andere leisten kann. Es ist selbstverständlich, dass jeder nach seinen Möglichkeiten zum gemeinsamen Lebensunterhalt beiträgt und keiner sich übervorteilt fühlt.

Worüber in einer Ehe allerdings meist viel zu wenig gesprochen wird, ist ein gemeinsames wirtschaftliches Konzept, das vernünftigerweise das Ziel haben dürfte, eines Tages finanziell unabhängiger zu sein als heute.

Wenn wir die Finanzkrisen und Euro-Debakel der letzten Jahre richtig interpretieren, ist die Mittelschicht ein Verlierer des globalen ökonomischen Systems. Von wem sonst können die chronisch klammen Regierungen Geld einziehen? Die Reichen werden ihre Schäfchen ins Trockene bringen, bei den Ärmeren ist kaum was zu holen. Bleibt die Mittelschicht, die ihre Naivität in Wirtschaftsdingen durch zweierlei zeigt: Sie steckt in der Konsum- und Schuldenfalle und verzockt ihr Geld an der Börse.

Der Investmentbanker Gerald Hörhan beschreibt das Dilemma in seinem Wirtschaftsbestseller »Investment Punk – Warum ihr schuftet und wir reich werden«:

»Ihr gebt eure Zukunft bei der Bank ab, indem ihr euch für Eigenheime auf Pump und fabrikneue Leasing-Autos mit Raten und Zinsen ausbluten lasst. Visionen, Träume und große Pläne könnt ihr euch dann nicht mehr leisten … Mit dem bisschen, das euch am Monatsende bleibt, wagt ihr euch an Fonds und an die Börsen.« Um dort abgezockt zu werden, versteht sich.

Die Falle hat einen Namen: das Hamsterrad, in

dem wir täglich strampeln, obwohl wir uns das Leben doch nicht von Zwängen und Ängsten kleinmachen lassen wollten.

It's the economy, stupid!
Vier simple Regeln

Auf Dauer muss man mehr einnehmen, als man ausgibt.
Wie das geht? »Schauen Sie sich sehr genau an, was Sie wirklich zum Leben brauchen. Mit dem Rest bilden Sie Reserven«, sagt Angela Schmidt, Vorsitzende des Deutschen Hausfrauenbundes in Baden-Württemberg – eine Schwäbin.

Konsumschulden sind dumm.
Prestigeküchen für 20 000 Euro auf Schuldenbasis sind Wahnsinn; der Wertverlust zehn Sekunden nach Kauf ist garantiert, und man arbeitet jahrelang für die Kredite. Das Gleiche

gilt für Luxus-Flachfernseher und anderen neureichen Quatsch. Clever: ein fünf Jahre alter S-Klasse-Mercedes mit Dieselmotor kommt billiger und ist cooler als ein neuer 40 000-Euro-Mittelklassewagen.

Solide Investmentschulden sind schlau.
Sachwerte, heißt die Devise! Investment-Punk Hörhan nimmt natürlich auch Geld auf, aber nur, um davon in Top-Lagen kleine Wohnungen für zahlungskräftige Singles zu kaufen. Die Kreditzinsen macht er steuerlich geltend, die Mieter zahlen ihm die Darlehen ab. Er selbst wohnt zur Miete.

Getrennte Konten sind vorteilhaft.
… weil sie die Übersicht erleichtern. Sagen Paartherapeuten. Weiteres Plus: Macht eine Bank pleite, ist immerhin der andere noch liquide.

Nie mehr allein?

Eines der gefährlichen Bilder von Liebe ist das vom »Hand-in-Hand-durchs-Leben-Gehen«. An der Hand führt man Kinder, und zwar zur Kita oder über die Straße.

Die Großen aber dürfen ruhig mal getrennte Wege gehen, auch wenn sie verheiratet sind.

Siamesische Zwillinge trennen

Ein erwachsenes Paar, das wie festgewachsen alles gemeinsam unternimmt, wirkt nur in seiner Anfangszeit niedlich. Später gleicht es siamesischen Zwillingen. Die Opfer dieser Fehlentwicklung werden notfalls chirurgisch voneinander getrennt, und wie man weiß, nimmt das für einen von beiden oft kein gutes Ende.

Nichts gegen das zärtliche Ritual, neue Woody-Allen-Filme ausschließlich mit dem Liebsten anzusehen. Wer aber nur noch im Doppelpack Freunde trifft, ins Fitnessstudio trabt oder zum Reifenwechsel fährt, ist nicht harmonisch, sondern totalitär. »Alles mit einem und für immer« nennt der Hamburger Paarberater Michael Mary dieses Konzept, das von der Zweisamkeit wilden Sex, Romantik, Freundschaft, Einkaufsunterstützung und Freizeitgestaltung in Personalunion erwartet; übrigens »das sicherste Rezept, eine Beziehung an die Wand zu fahren«.

»Steht beieinander, doch nicht zu nah«, warnte schon, wir erwähnten es, Khalil Gibran. Oder, um mit dem Schriftsteller Alfred Polgar zu sprechen: »In der Liebe ist es besser, zwei zu bleiben, als eins zu werden.« Wovon wollen Sie sich etwas erzählen, wenn Sie alles gemeinsam tun?

Es ist nicht vonnöten, seinen Ehepartner auf Klassentreffen, Segeltörns mit den Kumpeln oder jeden Kaffeeklatsch mitzubringen. Unserer Freundin Beate verdanken wir die wertvolle Erfahrung, dass Schwiegereltern vielleicht auch ganz glücklich sind, wenn sie ihren Sohn mal alleine haben. Beate begleitet Mann und Kinder höchstens einmal im Jahr und genießt die anderen zwei Male ein freies Wochenende.

Einer unserer Ehemänner zieht sich gern an seinen privaten Schreibtisch zurück. Er notiert gelegentlich etwas in ein schwarzes Buch, er scheint etwas zu sortieren, ja, aber wir haben noch nach Jahren keinen Schimmer, was er dort eigentlich treibt; arbeiten ist es jedenfalls nicht. Er verschwindet ein Weilchen, und wenn er zurückkehrt, ist er ein interessanterer Mann. Ein Wunder, was gelegentlicher Rückzug bewirkt.

iPhone-Witwen

Wir lobten *gelegentlichen* Rückzug, nicht gewohnheitsmäßigen! Extremgolfer, Hardcore-Alpinisten oder pathologische Modellflugzeug-Kapitäne, die ihre Frauen hobbybedingt an Wochenenden wie in Ferien alleine lassen, handeln grob fahrlässig.

(Auch nach längerem Nachdenken und mehreren Zigarettenpäuschen fällt uns an dieser Stelle kein weibliches Pendant ein, das wir der Gerechtigkeit halber gerne aufgeführt hätten.)

Auch die Geißel der Smartphones erlaubt es, trotz physischer Anwesenheit abwesend zu sein, und seinen Ehepartner, der vergeblich auf eine Antwort wartet, allein zu lassen und zu kränken. Eine solche »iPhone-Witwe« aus unserem Bekanntenkreis hat ihrem Mann mit Trennung gedroht. Noch sind sie in Paartherapie. Erster Kompromiss: Bei Tisch und im Bett bleibt das Smartphone ausgeschaltet.

Meine Freunde, deine Freunde

In dem amerikanischen Filmklassiker »Mein Freund Harvey« erregt der sympathische Sonderling James Stewart Aufsehen und Besorgnis, weil er sich zum Freund eines riesigen Kaninchens erklärt – welches nur er sehen kann. Fast landet er in der Klapsmühle.

Das »Freund-Harvey-Syndrom« kennen viele, die

ihre besten Freundinnen und alten Kumpel ständig vor dem Partner rechtfertigen müssen und die Frage beantworten sollen: »Was findest du nur an dem?!« Schwer zu beantworten, denn das Wesentliche ist für Nicht-Liebende bekanntlich unsichtbar. Etwa, dass Paul ein treuer Freund ist, seit er mit 15 Jahren die ganze Schuld am Mopedunfall auf sich nahm. Oder dass Alexandra in zwei Jahrzehnten keine einzige ihr anvertraute Peinlichkeit ausgeplaudert hat.

Mögen Paul (Hartz IV) und Alexandra (neuerdings 75 DD-Cup) zum heutigen, arrivierten Bekanntenkreis auch nicht mehr recht passen, ist dennoch Großmut angebracht. Die Freunde der Partner sind grundsätzlich zu akzeptieren, außer sie arbeiten konsequent gegen die Beziehung. Tun sie es nicht und sind einem trotzdem nicht sympathisch – Pech gehabt. Aber zum Glück sind Paare ja keine siamesischen Zwillinge, was jedem erlaubt, seine Freunde alleine zu treffen.

Wie sieht's denn hier aus?

Der gerechte Umgang mit wachsenden Wäschebergen, verwahrlosten Bädern und eingebrannten Herdplatten trägt mehr zum Gelingen einer Ehe bei, als die meisten vermuten. Nehmen wir zum Beispiel den achtjährigen Philipp. Wir lernten ihn neulich kennen, als wir eine Grundschulklasse beim Ausflug begleiteten. Philipp zur gleichaltrigen Marlene: »Bin ich froh, dass ich kein Mädchen bin.« Marlene: »Wieso? Ich bin größer als du.« Philipp: »Aber du musst später kochen, putzen und die Windeln wechseln. Ich lese dann die Zeitung.«

Emanzipation hin oder her – sämtliche nichtschwedische Studien belegen, dass Männer noch immer von der Vorstellung durchdrungen sind, Haushalt sei Frauensache. 64 Prozent der verheirateten Frauen

Das Chaos-Monster zähmen

Ein pflegeleichter Haushalt verlangt System.

- **Besitz ist eine Last!** Alles, was man nicht kauft, muss nicht ordentlich verwahrt werden.
- **Geschlossene Schränke beruhigen!** Hinter den Türen verschwindet jede Unordnung.
- **Bei Schränken gilt die 70-Prozent-Regel!** Was vollgestopft ist, wird unkontrollierbar.
- **Alle Dinge brauchen ihren festen Platz!** Isabella Rossellini berichtet, ihre Mutter Ingrid Bergman habe keinen Raum verlassen, ohne etwas mitzunehmen, das woanders hingehörte.
- **Regelmäßig ausmisten!** Entscheidungsneurotikern (»Brauche ich das noch? Oder nicht …?«) empfehlen Experten das »Kisten-Manöver«: Entbehrliches kommt in einen Karton. Wird er ein Jahr lang nicht geöffnet, weg damit.

beklagen, dass sie mit Einkauf und Putzen von ihrem Partner allein gelassen werden. Widmen Single-Männer und Frauen dem Haushalt noch annähernd die gleiche Zeit, wischt, wäscht und bügelt im statistischen Durchschnitt eine verheiratete Frau täglich 44 Minuten länger als ihr Gatte. Ein Ungleichgewicht, das sich auch dann kaum verringert, wenn beide Vollzeit arbeiten.

Die Aufgabenverteilung im Haushalt ist nach einer Untersuchung des Kuppel-Spezialisten »Parship« Streitthema Nummer eins in deutschen Partnerschaften.

Dabei lockt eine Studie der kalifornischen Riverside-Universität mit heißen Ergebnissen: Demnach hat ein Mann desto mehr Sex, je öfter er daheim hilft. Je glücklicher die Frau, so die Forscher, desto leidenschaftlicher. Oder, wie der Amerikaner weiß: »Happy wife, happy life.«

Auf dem langen Weg zum Gemeinschaftsprojekt Haushalt haben sich unserer Erfahrung nach zwei Wege als ungeeignet erwiesen. Erstens: direkte Vorwürfe wie »Du könntest auch mal einen Finger rühren!«

Zweitens: indirekte Vorwürfe. Eheliche Stereotype à la »Wie sieht's denn hier aus?« gehören zur Fragefamilie der »Wobleibstdudenns« und »Warumfährstdunichtgeradeausse«, die nur Unmut schaffen, wie der Alltagsphilosoph Axel Hacke in seinen Erzählungen »Das Beste aus meinem Liebesleben« so treffend berichtet.

Besser funktioniert, was Kommunikationsexperten empfehlen: Ich-Botschaften senden. Zum Beispiel: »Ich möchte, dass du morgen früh das Bad putzt. Ich übernehme die Küche.«

Noch zielführender: Verantwortung übertragen. So kamen wir in einem verzweifelten, arbeitsintensiven Jahr viel zu spät auf den Trichter, dem Gatten das komplette Aufgabengebiet Ernährung anzuvertrauen, und ihm darin wirklich freie Hand zu lassen.

Heute geben wir gerne zu: Er kann einfach besser kochen.

Einfach Leben: Zehn gute Vorsätze*

1 Wir lassen uns nicht einreden, dass Ehe harte Arbeit bedeutet. Wir verabschieden uns von der Idee, den Partner ändern zu können. Wir lassen einander in Ruhe!

2 Wir betrachten den Alltag nicht als Ungeheuer, das die tägliche Lebenslust aufzufressen droht. Gegen langweilige Routine helfen Programmänderungen: Frühstück im Bett, mal mit links die Zähne putzen, statt »Tatort« zum Tango-Tanzen.

* Inspiriert von Tom Hodgkinson, Kultautor unkonventioneller Ratgeber zum lässigen Leben (»Anleitung zum Müßiggang«).

3 Wir machen einander groß, nicht klein. Finden wir den anderen gelegentlich doch klein, teilen wir das nicht dem gesamten Bekanntenkreis mit.

4 Wir zeigen Neugierde an den Interessen des anderen. Wir vergeuden kaum Zeit vor dem Fernseher oder im Internet.

5 Wir unternehmen nicht alles gemeinsam.

6 Wir gehen nacheinander ins Bad.

7 Wir machen Liebe, so oft es geht.

8 Wir teilen uns die Hausarbeit. Sobald das Geld reicht, leisten wir uns Haushälterin/Koch/Gärtner …

9 Wir halten uns an die Devise »Lebe lieber unperfekt!« und konkurrieren nicht mit dem Lifestyle anderer.

10 Wir pflegen unsere Freundschaften. Unseren Gästen servieren wir anständigen Wein, keine anstrengenden Angeber-Menüs.

Das Ehepaar als Eltern

Machen Kinder glücklich?

Wenn sie nicht gerade eine durchwachte Nacht lang einen Säugling durch die Wohnung getragen haben, würden die meisten Eltern diese Frage glatt bejahen. Stinkenden Windeln, undankbaren Teenagern und der Tatsache zum Trotz, dass man angesagte Bars und »Den-musst-du-sehen«-Kinofilme eine Zeit lang allenfalls aus der Tageszeitung kennt.

Wir wollten es daher gar nicht glauben, als wir im Magazin »Der Spiegel« folgende apodiktische Sätze lasen: »Kinder machen nicht glücklich. Kinder sind glücksneutral.« Zu diesem Ergebnis kam unlängst eine Forschertruppe des Projekts »Glücksatlas Deutschland«, die klären wollte, was die Deutschen wirklich zufrieden macht.

Der Blick in Studien belehrte uns: Es stimmt. In »Pairfam«, der größten Befragung, die deutsche Familienforscher je gestartet haben, ziehen Wissenschaftler dasselbe traurige Fazit. Sobald ein Paar Kinder hat, geht die Beziehungszufriedenheit den Bach runter. Sie steigt wieder an, wenn die Kinder aus dem Haus sind. Und anderswo hieß es: Die Hauptzutaten einer glücklichen Ehe seien Treue, guter Sex und geteilte Hausarbeit. Kinder hingegen rangieren erst an siebter Stelle, noch nach dem Gemeinschaftsprojekt »Schöner Wohnen«.

Da wird einem klar, weshalb die Geburtenrate in Deutschland mit 1,3 Kindern pro Familie auf den hinteren Rängen Europas stagniert, obwohl der Staat doch Elterngeld spendiert und neue Krippen und Kindergärten baut. Warum ein Drittel der über 35-Jährigen ohne Nachwuchs bleiben will. Und warum Verheiratete ihre Kinder im statistischen Durchschnitt erst mit über 30 Jahren bekommen – sieben Jahre später, als es Anfang der 60er Jahre üblich war. Vorher fehlt den meisten wohl schlicht der Mut, übellaunigen Studienergebnissen zuwider zu leben.

Läuse und Lebenslust

Wir wollen die Sache nicht schönreden: Kinderkriegen ist die radikalste Veränderung, der eine Beziehung unterworfen ist. Männer wie Frauen finden sich buchstäblich über Nacht in einer Rolle, auf die sie meist unzureichend vorbereitet sind: als erwachsene, verantwortliche Menschen. Als sehr müde Menschen, nebenbei. Die phasenweise nur noch miteinander besprechen, ob ein geruchsversiegelnder Windeltwister anzuschaffen sei oder nicht. Manchen Beziehungen bricht dies das Genick.

Kinder sind teuer. Bis zum 18. Lebensjahr belaufen sich die Konsumkosten auf 120 000 Euro; von Versicherungs- oder Studienkosten ganz zu schweigen.

Kinder machen Sorgen. Eltern kennen die quälenden Gedanken, die um Unfälle, Krankheiten und seelischen Kummer der Kleinen kreisen.

Kinder sind unbequem. Sie werfen sich im Supermarkt auf den Boden, schreiben Fünfen in Mathe und fragen im Auto auf der Fahrt in die Ferien alle drei Minuten: »Wann sind wir da?«, bevor sie sich auf die

Rückbank erbrechen. Zu den unpassendsten Zeiten bekommen sie Läuse und zwingen gewissenhafte Eltern zu verlogenen Anrufen im Büro, in denen sie lieber eine Fischvergiftung erfinden, statt zuzugeben, dass sie wegen der Blagen fehlen.

Kinder sind ungeeignet, das Leben ihrer Eltern zu optimieren. Auch als Vorzeigeobjekte taugen sie nur sehr gelegentlich. Wer sie sich zulegt, um nach Fernreisen, Wohlfühl-Heim und Karrieresprung seine Biografie zu komplettieren, könnte eine Enttäuschung erleben. An diesem vermessenen Anspruch müssen Kinder scheitern, was wiederum die Eltern frustriert.

Erwähnten wir schon, dass es unfassbare Schmerzen bereitet, die kleinen Biester auf die Welt zu bringen?

Nein, das alles ist nicht schön.

Was aber sehr schön ist, ist der Duft nach Vanille und Glück, der vom Hinterköpfchen eines wenige Tage alten Babys aufsteigt. Bislang vermochte noch kein französischer Parfumeur diesen Zaubergeruch in einem Flakon einzufangen, obwohl sie es immer wieder probieren.

Wunderbar ist es, mit Kindern im Herbstlaub nach der kleinsten Kastanie der Welt zu suchen und sie auch zu finden. Es ist herrlich, in einem griechischen Sommer mit aufgeregten kleinen Jungs über runde Felsen zu klettern, um mit dem Netz Krebse zu fangen. Zu kreischen, wenn man einen erwischt hat, den man schnell wieder laufen lässt. Mal wieder »Madita« vorzulesen oder den Film »E.T.« an einem regnerischen Sonntag auf Video zu gucken, daheim, mit kuschligen Decken und Kakao für alle.

Es ist schön, wieder einen Menschen mehr auf dieser Welt zu haben, den man lieben kann. Es macht glücklich. Es ist ein Wunder, das im Idealfall die Liebe eines Paares auf eine höhere Ebene katapultiert. Kinder zwingen einen, endlich Wesentliches von Unwesentlichem zu trennen, und schenken einem die Chance, aus dem Ego-Karussell einfach auszusteigen.

Gott sei Dank gibt es im Leben ein paar Dinge, die die Buchhalter des Glücks in ihren Studien nie erfassen werden. Scheinbar erweisen sich diese Dinge immer wieder als stark genug, Bedenken und Bequemlichkeiten hinwegzufegen und sich jenem Quäntchen

Wahnsinn hinzugeben, ohne den überhaupt keine Kinder gezeugt würden.

Im Zustand glücklicher Unbekümmertheit sollten Kinder entstehen, empfiehlt die lebenslustige Carla Bruni-Sarkozy, mit immerhin 43 Jahren noch einmal späte Mutter und unumstritten liebeserfahren. Recht hat sie. Wer allzu lange auf den perfekten Zeitpunkt in einem perfekten Lebenslauf wartet, ist vielleicht irgendwann zu spät dran.

Interessanterweise scheinen übrigens alle Eltern genau den Zeitpunkt, zu dem sie Kinder bekommen, für den richtigen zu halten. Junge Eltern freuen sich, weil sie noch starke Nerven und so etwas wie ratgeberunabhängige Intuition besitzen, die Älteren darüber, mehr Gelassenheit aufzubringen und nicht unter dem Gefühl zu leiden, etwas zu verpassen.

Mehr Courage, bitte!

Sie möchten sicher erfahren, was die Deutschen in der eingangs erwähnten Studie denn nun wirklich glücklich macht, wenn nicht Kinder. Bitte, hier die Antwort: Geld. Zweitens: Jugend. Bis 30 markieren Deutsche hohe Zufriedenheitswerte. Drittens: das Alter. Zwischen 65 und 70 ist der Deutsche richtig happy. Karriere, Familienchaos, Nervosität – sämtliche Stressfaktoren liegen dann hinter einem.

Zugegeben, die »Rushhour« der mittleren Jahre ist anstrengend. Das sollte einen aber nicht davon abhalten, ausgerechnet auf eine der schönsten Lebenserfahrungen zu verzichten: Kinder! Denken Sie lieber darüber nach, wie Sie sich das Familienleben so entspannt wie möglich gestalten.

Der Stress mit Kindern, nun ja, auf den haben wir hinreichend hingewiesen. Freuen Sie sich auf griechische Sommer, wenn Sie ein schreiendes Baby durch die Wohnung tragen, und gratulieren Sie sich zu Ihrem Wagemut.

Wir persönlich halten es ganz mit der Weisheit einer Postkarte, die wir kürzlich in einem Lädchen fanden: »Allein sein ist auf Dauer doch zu erholsam.«

Der Schwangerschafts-(Härte)test

Aus medizinischer Sicht sollten Paare, die sich ein Kind wünschen, mit dem Üben beginnen, wenn die Frau zwischen 20 und 30 Jahre alt ist. Wir hören schon den empörten Aufschrei: Was?! Ohne erprobte Beziehung, ohne Lebenserfahrung, ohne hochdotierten Job?

Mediziner scheren sich nicht um gesellschaftliche Entwicklungen, bei denen die Adoleszenz bis zum 40. Geburtstag dauert und man endlich fast bereit ist für ein Kind. Wir geben die Warnung nur weiter:

Bereits mit 35 Jahren nimmt die Fruchtbarkeit von Frauen rapide ab. Sind mit Anfang 30 die Chancen einer Frau, schwanger zu werden, nur unbedeutend geringer als mit Anfang 20, wird es mit 37, 38 Jahren kritisch, was an der abnehmenden Zahl der Eizellen liegt.

Auch ihre Qualität verschlechtert sich, das Risiko von Schäden am Erbgut steigt. Ältere Schwangere sind anfälliger für Komplikationen. Das Risiko einer Fehlgeburt verdoppelt sich. Übrigens leidet auch die männliche Fruchtbarkeit mit dem Alter – der Grund, warum amerikanische Samenspender nicht über 34 Jahre alt sein dürfen.

Wer zu lange wartet, findet sich im Bett wieder mit Zyklustabellen, Fieberthermometer, Eisprungtests und Listen von Fertilitäts-Experten. Sehr unsexy. Sehr traurig. Und sehr belastend für die Liebe, wie wir uns erinnern.

Jedes siebte Paar bleibt ungewollt kinderlos. Ein Drittel von ihnen versucht es mit den Möglichkeiten, welche die Fortpflanzungsmedizin bietet.

Wege zum Wunschkind

In aller Regel beginnen Fruchtbarkeitsbehandlungen mit einer hormonellen Stimulation (Hormonspritze) der Frau, die den Zyklus stabilisieren und viele Eizellen heranreifen lassen soll. Bleibt der Geschlechtsverkehr danach ohne die erwünschten Folgen, werden Spermien des Mannes direkt in die Gebärmutter gegeben. Dank der sogenannten *intrauterinen Insemination* bekommt etwa jedes zehnte Paar, das sich behandeln lässt, tatsächlich ein Baby.

Bei der künstlichen Befruchtung im Reagenzglas *(In-vitro-Fertilisation)* ist die Erfolgsrate doppelt so hoch. Der Frau werden reife Eizellen entnommen und in einer Glasschale mit aufbereiteten Spermien des Mannes zusammengeführt. Maximal drei Embryonen dürfen später eingesetzt werden. Ist die Furchtbarkeit des Mannes stark beeinträchtigt, empfehlen

Ärzte die ICSI *(intrazytoplasmatische Spermieninjektion)*. Dabei werden nach Hormongaben der Frau mehrere reife Eizellen entnommen und jeweils eine intakte Samenzelle des Mannes direkt in die Eizelle eingeführt. Funktioniert bei 28 Prozent aller Paare.
Die Krankenkassen übernehmen hierbei die Hälfte der Kosten. Bei drei ICSI-Zyklen liegt der Eigenanteil bei ca. 6000 Euro. Mit etwa 3000 Euro muss rechnen, wer mit dem Einfrieren unbefruchteter Eizellen das Ticken der biologischen Uhr austricksen will.

Baby-Paranoia!

Endlich – ein Baby! Es könnte alles so schön sein. Leider wissen alle alles besser: über Schwangerschaft, Geburt und die ersten Monate. Lassen Sie sich nicht in den Wahnsinn treiben. Wird schon!

Kleines ABC für Anfänger

Ausschlafen: Fällt aus. Vorübergehend.

Bugaloo: Luxus-Kinderwagen für den Gegenwert eines Wochenendes zu zweit. Tja, wenn es Ihnen Freude macht! Ihr Kind braucht so etwas nämlich nicht, ebenso wenig wie teure Designer-Kleidchen, Status-Wickeltisch, Silberrassel.

Chance: Wer Kinder bekommt, erhält Gelegenheit, endlich ein geduldigerer, liebevollerer, besserer Mensch werden. Auch im Verhältnis zum Partner, zu den eigenen Eltern, zu sich selbst.

Duzi: Schnuller sind umstritten. Gibt das Baby nur damit Ruhe? Rein damit.

Erziehungsratgeber: Lesen Sie nicht alles. Einander widersprechende Ratschläge machen Sie nur verrückt. Auf den richtigen Weg bringt die Schwedin Anna Wahlgren (obwohl selbst keine Vorzeigemutter) in »Das Kinderbuch«: Jeder Mensch, auch ein kleiner, muss das Gefühl haben, gebraucht zu werden, um kein unglücklicher Egomane zu werden! Ein Plädoyer für Liebe, Routine, soziale Beteiligung und gesunden Menschenverstand.

Familienkutsche: SUVs (Sport Utility Vehicle) sind die It-Cars der Vorort-Mutter. Peinlich.

Geburt: Soll der Papa dabei sein? Die Autorinnen sind sich ausnahmsweise nicht einig. Wer allerdings hofft, dass die Anwesenheit des Vaters im Kreißsaal Ehe-Stabilität verspricht: Irrtum.

Homöopathie: Bei Kindern wirkt's. Sie wissen noch nicht, dass es eigentlich Unsinn ist.

Instinkt, elterlicher: Ein Wunder, dass er in dieser überinformierten Zeit noch existiert.

Janusz Korczak: Heldenhafter Pädagoge, der einen wichtigen Gedanken hinterließ: Kinder dürfen Fehler machen. Woher sollen sie sonst lernen, was falsch und was richtig ist?

Krise: Schlägt bei manchen Paaren ausgerechnet dann zu, wenn das Kind da ist, das sich beide doch so wünschten. (Siehe das Kapitel »Das verkrachte Ehepaar«)

Lolaloo: Batteriebetriebener Kinderwagenruckler für 129 Euro. Kein Kommentar.

Masern & Co.: Vertrauen Sie der dringenden Impfempfehlung der Weltgesundheitsorganisation (WHO)!

Nabelschnurblut: Kann man einfrieren lassen. Kontrollfreaks zahlen die 3000 Euro gerne, obwohl man heute noch kaum etwas damit anzufangen weiß. Immerhin möglich, dass es eines fernen Tages bei Erkrankungen hilfreich sein könnte.

Omas und Opas: Wollen stets verwöhnen und machen auch sonst alles verkehrt. Seien Sie großzügig. Kinder brauchen ihre Großeltern.

PDA: Ignorieren Sie Öko-Zausel, die behaupten, nur eine schmerzhafte Geburt sei natürlich und eine Periduralanästhesie (PDA) des Teufels. Wir hätten uns das Zeug notfalls in die Augäpfel spritzen lassen.

Quickie: Besser als nichts! Vernachlässigen Sie Ihr Liebesleben nicht zu lange. (Siehe das Kapitel »Das Ehepaar im Bett«)

Ruhe: Packen Sie Ihr Kind nicht in Watte. In einem lebendigen Zuhause hört man Staubsauger, Telefon, Lachen. Gewöhnen Sie Ihr Kind nicht an eine künstliche Ruhe, die später kein Mensch einhalten will.

Stillen: Schön, wenn es klappt. Wenn nicht: Die Generation der heute 40- bis 50-Jährigen bekam nur Fläschchen und ist trotzdem groß geworden.

Tragesitz: Wir hatten einen und haben die Kleinen darin so oft herumgetragen, wie es nur ging. Sie liebten es. An meterlangen Tragetüchern verzweifelten wir.

Übergewicht: Gemein, wie manche Mütter darunter leiden – und andere verschont bleiben. Ein Trick, den wir gerne früher gekannt hätten: Wer länger stillt, ist schneller schlank.

Väter: Wollen ihr Kind wickeln, baden oder anziehen, ohne dass Super-Mütter jeden Griff kontrollieren oder kommentieren. Mütter sind gut beraten, sich klug zurückzuhalten: Sie fördern die Vater-Kind-Bindung und investieren in die eigene Unabhängigkeit.

Wickeltasche: Eigentlich Quatsch. Lieber eine schicke neue Handtasche kaufen: groß genug, dass zwei Windeln und eine Packung Feuchttücher hineinpassen.

Xanthippe: Steckt in jeder müden Mutter. Bändigen!

Yoga für Babys: Ogottogott.

Zahnungskette: Wenn Sie an Feen und Elfen glauben, nur zu.

Väter im Büro

Wenn Männer Väter werden, geschehen mitunter Wunder. Wir kennen einen Don Juan von Ende 40, dessen erotische Vita wir lange Jahre ungläubig bestaunten. Jeden Abend: Wein, Weib, Gesang. Der Freundeskreis des fröhlichen Singles informierte sich besorgt über Sexsucht. Dann tauchte die Richtige auf, und zügig war ein Baby unterwegs. Heute sitzt Don Juan selig zu Hause und behauptet, Grillen mit der Familie sei das Größte. Er kennt ein prima Knoblauchsaucen-Rezept. Der Mann ist verliebt! In seine zweijährige Tochter.

Manchmal sind es auch blaue Wunder, die man mit frischgebackenen Vätern erlebt. Dann geht die Geschichte so: Der sonst so reizende Mann der Freundin verschanzt sich plötzlich im Büro, seit das Kind da ist.

Daheim verweigert er Mithilfe: Er habe schon einen Job. Im Bett läuft gar nichts, seit er die Geburt vom Fußende aus beobachtete. Zuletzt verrät eine abgefangene SMS: Er hat eine Affäre.

Angeblich ist die Betrugsquote bei Paaren nie so hoch wie dann, wenn die Frau schwanger ist oder ein kleines Kind hat. Die University of Colorado warnt, während der Schwangerschaft verfünffache sich das Risiko, dass der Ehemann seine Frau hintergehe.

Wir kennen noch weitere beunruhigende Zahlen. Männer mit kleinen Kindern verbringen 1,2 Stunden pro Woche mehr im Büro als ihre kinderlosen Kollegen. Sind sie vielleicht ganz erleichtert, sich in ein ruhiges Büro flüchten zu können? Wenn man dann noch weiß, dass Menschen, die mit ihrem Sexualleben unzufrieden sind, sich besonders häufig in die Arbeit stürzen, wie das Göttinger Institut für Psychologie herausgefunden hat, macht man sich so seine Gedanken.

Vielleicht sollten einem moderne Väter auch mal leidtun. Während sie früher als kinderlose Verliebte vergnügt eine Flasche Wein und ein Baguette nach

Hause balancierten, wuchten sie als Familienväter Großpackungen Windeln die Treppe hinauf, wo hinter der Wohnungstür schon Hochfrequenzgeschrei und eine hohläugige Kindsmutter warten. Letztere, einst feurige Geliebte, fährt ihn böse an, wenn er den im Still-BH schmerzenden Busen zu berühren wagt. Womöglich schreibt sie heimlich an einem dieser Mütterbücher, in denen ausführlich beschrieben wird, wie lästig ehelicher Sex ist.

Bei Baby und Haushalt mitzuhelfen ist auch nicht einfach: Alles weiß die Mutter besser. Wozu überhaupt um familiengerechte Arbeitszeiten bitten? Beim Chef wäre er ohnehin unten durch.

Nichts ist, wie es war, und schlimmer noch: Keiner weiß, ob es je wieder so wird.

Was wir wissen, ist, dass diese ersten Monate bei den meisten unbeschreiblich anstrengend verlaufen. Aber das ist nur eine Phase. Sie geht vorüber.

Wer der Versuchung widersteht, sich mit einer Affäre zu trösten, beweist übrigens Intelligenz. Die London School of Economics hat herausgefunden, dass fremdgehende Ehemänner weniger schlau sind als ihre treuen Geschlechtsgenossen. Die Erklärung: Monogamie ist evolutionshistorisch ein relativ neues Konzept. Intelligentere Männer gefährden eine Beziehung nicht, nur weil gerade mal Babykrise herrscht.

Latte-Macchiato-Mütter

Auch Frauen neigen zu Mutationen, sobald sie Mütter werden. Nicht alle Varianten erfreuen sich gleicher Beliebtheit.

Nehmen wir als Beispiel den Typus der Edel- oder »Latte-Macchiato-Mutter«, so genannt, weil sie im Kaffeehalter ihres 1000 Euro teuren Kinderwagens gerne ein Sojamilch-Heißgetränk mit sich führt.

Ihren Kinderwagen, dessen Kostspieligkeit schon Distinktion signalisiert, schiebt die »Latte-Macchiato-Mutter« durch den Berliner Szene-Kiez Prenzlauer Berg oder andere Großstadtviertel, in denen ein Kind als hippes Accessoire gilt. Tagsüber blockiert die Edel-Mutter im Kaffeehaus möglichst viele Plätze mit ihrer Luxus-Babykarosse, um höchstens eine, richtig: Soja-Latte zu konsumieren. Für mehr reicht ihre Zeit nicht, sie muss stillen, solange sie Publikum hat. Danach rammt sie im Bio-Supermarkt ihren Kinderwagen in die Hacken herumtrödelnder Singles. Wer muckt, wird als kinderfeindlich beschimpft.

Arbeiten kann die »Latte-Macchiato-Mutter« nicht mehr: Sie erzieht. Außerdem muss sie Klein-Selma zum Baby-Yoga bringen. Ihr Mann, der irgendwas mit Medien macht, verdient genug.

Soweit das Feindbild der ökologisch korrekten Kampf-Mutter des »Bionade-Biedermeier«, die für ihr Kind nur das Beste will und mit aggressiver Mütterlichkeit dennoch Unmut auf sich zieht. In Protestbüchern (»Lassen Sie mich durch, ich bin Mutter!«), Tageszeitungen und Blogs bekommt sie einiges um die Ohren geschlagen.

Gemein? Immerhin will die »Latte-Macchiato-Mutter« niemandem Böses und für ihr Kind ein gutes Leben. Was ist gegen Biomilch, Holzspielzeug und Waldkindergärten einzuwenden? Warum nervt so, was doch unbestritten richtig ist?

Es ist ihr Auftreten, das als Warnung für werdende Mamas dient. Aufdringliche Mütterlichkeit beweist vor allem: Hier dient ein Kind als legitimierender Sinnstifter für die eigene Biografie. (Sehr bedenklich, auch im Hinblick auf die Ehe! Im Prenzlauer Berg jedenfalls nehmen Trennungen zu. Im angeblichen Familienidyll gelten mittlerweile fast 40 Prozent als alleinerziehend.)

Es ist leider eine Mütter-Unsitte, den Umgang anderer Frauen mit Nahrung, Spielzeug, Betreuung zu beäugen und zu disqualifizieren. Eine überhebliche Haltung, die eigentlich der Selbstberuhigung dient: »Ich mache alles richtig!«

Wer es sich leisten kann, alle Energie in die Ganztagsbeschäftigung mit seinem Kind zu stecken, möge sich freuen und stille schweigen. Keinesfalls möge er Alleinerziehende, Teilzeit- oder Vollzeitberufstätige Eltern mit seinem Lebensentwurf behelligen.

Es versteht sich von selbst, dass auch die gegnerische Fraktion der »Latte-Macchiato-Mütter«, die sogenannten Rabenmütter (berufstätig und stolz darauf), sich in Toleranz und Zurückhaltung zu üben haben.

Merke: Dogmatismus ist unsympathisch.

Work-Life-Balance und andere Lügen

Die Mode-Legende Karl Lagerfeld antwortete uns einmal auf die Frage, ob seine Karriere auch mit Partner und Kindern möglich gewesen wäre: »Dann wäre alles schiefgegangen. Wer meint, sein Privatleben sei wichtiger, okay. Aber bitte nicht hinterher beklagen. Man kriegt nicht alles umsonst.«

Soll heißen: Kinder und Karriere passen nicht zusammen.

Ja, möchte man meinen, natürlich nicht in einem Ausnahmeberuf wie bei Herrn Lagerfeld! Elf, zwölf Karriereetagen tiefer müsste es doch wohl möglich sein, Job und Familie unter einen Hut zu bekommen! Alles eine Frage der Organisation!

Dachten wir auch mal. Damals funktionierte unser Berufsleben überhaupt nur durch Unterstützung wechselnder Babysitter, (Leih-)Omas, Au-pairs, Erzieherinnen und Putzfrauen. Dennoch erreichten wir jeden Tagesordnungspunkt (Schule, Kindergarten, Büro, Konferenz, Kantine, Reinigung, Hort, Öko-Bäcker) die notorischen vier Minuten zu spät. Rügen, schiefe Blicke, Kopfschütteln auch, geschlossene Türen schufen ein Klima von Überforderung und wachsender Gewaltbereitschaft. Wir entschuldigen uns heute beim Personenaufzug eines großen Münchner Verlagshauses, dem wir, wenn unbeobachtet, stellvertretend routinemäßig einen Tritt verpassten.

Abends: der Versuch einer Stunde »Quality Time« mit den Kindern und Terminabgleich mit dem Gatten. Im Bett: gedankliche To-do-Liste statt ehelicher Freuden. Die 24 Stunden reichen, um das Dringendste zu erledigen – nicht aber für das Wichtige im Leben.

Einwand Nr. 1: Half der Partner nicht genug? Richtig, tat er nicht. Er bemühte sich, aber es reichte nicht. Wir haben auch sonst selten beobachtet, dass ein Vater das kranke Kind aus der Krippe abholte. Wahre Gleichberechtigung kennen wir eigentlich nur aus der Theorie und den Forderungen schöner Leitartikel.

Einwand Nr. 2: Schlechtes Personal? Wahrscheinlich ja. Besseres war bei unserer Gehaltsklasse nicht zu bezahlen.

Ja, es gibt Ausnahmepaare, die bei einem streng durchgetakteten, auf Kante genähten Rhythmus nichts vermissen. Die es aushalten, zentrale Momente mit den Kindern an die Nanny oder Oma zu delegieren. Deren Partnerschaft es verkraftet, wenn neben der Koordination des Alltags keine Extrazeit bleibt für gemeinsames Herumtrödeln, Blödeln und Zärtlichsein.

Die meisten Paare aber, die wir kennen, sind vom Leben am Limit erschöpft. Sie jonglieren im Schweinsgalopp die täglichen Aufgaben und nennen das Multi-Tasking. Sie haben immer ein schlechtes Gewissen, allen gegenüber: dem Partner, den Kindern, dem Chef, den Kollegen. Glaube keiner, moderne Smartphones und »Home-Office-Tage« hätten die Situation entschärft: Der Stand-by-Modus ist ein perfider Sklaventreiber.

»Es gibt im Leben dieser Paare nur den Beruf und die Kinder und daneben nichts«, lautet das knallharte Fazit der Europäischen Akademie für Frauen in Politik und Wirtschaft über Doppelkarrierepaare. Keine Zeit mehr für Hobbys, Freunde, geschweige denn Zweisamkeit: Dass Dauerstress aus einem Liebespaar in null Komma nix eine Notgemeinschaft zweier gereizter Seelen macht, kann man sich vorstellen.

Prioritäten setzen

Es gehört zu den Unverschämtheiten der modernen Machbarkeitsgesellschaft, zu behaupten, jeder könne alles schaffen. Er müsse nur wollen! Das bedeutet im Umkehrschluss: Wer sich überfordert fühlt, ist ein Versager.

Kein Wunder, dass in den erwähnten Glücksstudien die Zufriedenheitswerte derer im Keller lagen, die in der »Rushhour« des Lebens alles gleichzeitig zu meistern versuchen: Ehe, Kinder, Karriere, persönliche Entfaltung. Lassen Sie sich von niemandem einreden, es sei alles nur eine Frage der Organisation!

In Wahrheit ist es eine Frage der Prioritäten. Die beruflich erfolgreichen Power-Paare haben eben weniger Zeit für ihre Familie. Der Hausmann, der die Mega-Karriere der alleinverdienenden Gattin gerne unterstützt, riskiert die gleiche wirtschaftliche und emotionale Abhängigkeit wie seine weiblichen Kolleginnen. Und die wenigen modernen Paare, die tatsächlich beide Teilzeit arbeiten, um mehr Zeit für sich und ihre Kinder zu haben, verzichten auf viel Geld. Von Karriere bei beiden keine Rede.

Welche Gewichtung ein Paar seiner Work-Life-Balance verleihen will, ist eine zutiefst private Entscheidung. Sie sollte sich nach den individuellen Kräften richten.

»Die Menschen und ihre Belastbarkeiten sind verschieden«, hat auch die weise Patti Smith erkannt. Sie selbst war einmal ganze 16 Jahre aus dem Musikbusiness ausgestiegen, um sich ihrer Familie zu widmen. Sie halte es für einen »Mythos«, im Leben alles gleichzeitig schaffen zu können, hat sie uns erzählt: »Ich zumindest hätte nicht die gleiche Erfüllung in meinem Familienleben finden können, wenn ich die ganze Zeit auf Achse gewesen wäre.« Wir können der gefeierten Punkrockerin, die sicher nicht unter Trutschen-Verdacht steht, nur zustimmen. Wir haben allerdings 16 Jahre für die Erkenntnis gebraucht, dass man sich manchmal einfach entscheiden muss.

In unserem Fall erwies sich der Versuch, die Regeln einer traditionellen Konzernwelt mit unserem ausgeprägten Wunsch nach einem Privatleben zu verbinden, als vergeblich. Unser Projekt, sich dem Zeitgeist des »Anything goes« in einem Anflug von Kühnheit doch noch zu verweigern und sich auf die Wiesenwege der Selbstständigkeit zu begeben, erschien uns vergleichsweise attraktiv.

Es fühlt sich immer besser an, seine eigene Entscheidung zu treffen, statt das Leben der anderen zu leben. Jede Wahl allerdings hat ihren Preis. Umsonst, da hat Karl Lagerfeld recht, bekommt man nichts.

Das überforderte Kind

Die vornehmste Pflicht eines Elternpaares ist es, zuerst an sein eigenes Glück zu denken. Zufriedene Eltern bieten all den Humor, die Ausgeglichenheit und Nervenstärke, die Kinder brauchen.

Bedauerlicherweise vernachlässigen viele moderne Eltern ihre Zweisamkeit und stellen dafür ausschließlich den Nachwuchs ins Scheinwerferlicht ihrer Aufmerksamkeit. Nicht eine Sekunde gönnen sie den Kindern Pause von ihrer Fürsorglichkeit. Mittlerweile tragen bereits Grundschüler eigene Handys bei sich, was ihren Eltern jederzeit lückenlose Kontrolle und die Zwischenfrage gestattet: »Hast du auch deinen Schal um?«

Kommt gar nicht in Frage, ihre Söhne und Töchter einfach nebenherlaufen zu lassen, so wie wir es in unserer Kindheit noch erlebt haben. In einem Radius von zwei Kilometern lungerten wir auf der Straße herum, spielten Völkerball, bauten Buden im Wald, rauchten gestohlene Kim-Zigaretten und schlugen uns beim Fahrradrennen die Knie blutig.

Das wahrscheinlichste Risiko für Kinder von heute besteht darin, kein Playdate für den Nachmittag zu ergattern, weil alle anderweitig beschäftigt sind: mit Hockey, musikalischer Früherziehung, Ballett, Tennis, Klavierstunde, Theaterkurs oder Nachhilfe. Am Sonntag steht Kultur auf dem Programm: Man trifft sich beim Mini-Malkurs im Kunsthaus, im Konzert oder Kino.

Leerlauf ist selten. Die Mittelstandsfamilie lebt einigermaßen rastlos; sie hat schließlich viel von Förderung gelesen und davon, dass Kinder international mithalten müssen. Die Angst vor den Ansprüchen künftiger Arbeitgeber sitzt ihr im Nacken.

Früher waren Kinder Schicksal, heute sind es Wunschprojekte, für deren erfolgreiche Zukunft sich Eltern verantwortlich fühlen.

Welche Fähigkeiten in Zukunft gebraucht werden,

weiß allerdings kein Mensch. Mehr Disziplin, meinen viele, könne nicht schaden. Amy Chua, chinesisch-amerikanische Professorin und Autorin des Bestsellers »Die Mutter des Erfolges«, behauptet etwa, dass Kinder nur dank unerbittlicher Strenge ihre Stärken entwickeln. »Tiger-Mutter« Chua zwang ihre Töchter, täglich stundenlang Klavier beziehungsweise Geige zu üben, und drohte andernfalls damit, deren Stofftiere zu verbrennen. Eine der Töchter spielt mittlerweile brillant Klavier. Ihre veröffentlichte Sicht der Dinge erwarten wir mit Spannung.

Dass nicht Disziplinlosigkeit, sondern vielmehr Überforderung das Problem junger Leute ist, lässt nämlich die Statistik vermuten. Das Robert-Koch-Institut weiß, dass jedes siebte Kind psychische Auffälligkeiten zeigt. Bei jedem zehnten Jungen zwischen elf und 17 Jahren wird die Aufmerksamkeitsstörung ADHS diagnostiziert. Kinderärzte betreuen kleine Patienten, die von Nervosität und Schlafstörungen berichten. 80 Prozent aller Gymnasiasten klagen über Kopfschmerzen.

Das Tom-Sawyer-Prinzip

Es wäre nicht erstaunlich, wenn auch den Kindern der Burn-out-Gesellschaft das Leben schlicht zu stressig wäre.

Englisch mit drei, Einschulung mit fünf, ein G8-Abitur mit 17 Jahren? Wozu eigentlich die Eile? Den Politikern zuliebe, die mit Blick auf leere Renten- und Sozialkassen auf einen immer früheren Berufsbeginn drängen?

Gras wächst auch nicht schneller, wenn man daran zieht, rufen kluge Erziehungswissenschaftler seit Jahren, ungehört von Eltern, die sich um schließende Zeitfenster und den Verlust von Synapsen sorgen. Damit aus kleinen Menschen robuste Naturen und kluge Entdecker werden, brauchen sie viel Zeit für Müßiggang und Tagträumerei.

Der Schriftsteller Mark Twain hat das gewusst, sonst hätte er die Geschichte von Tom Sawyer und Huckleberry Finn nicht geschrieben. Nicht jeder hat einen idyllischen Mississippi vor der Haustür, doch nach dem Tom-Sawyer-Prinzip der freien Kindheit lässt sich überall erziehen: So wenig Einmischung wie möglich, so viel wie nötig.

So sollten sich Kinder ihre Hobbys selbst aussuchen dürfen. Sie müssten nicht mal zum Nachmittagsturnen, wenn sie sich regelmäßig draußen austoben könnten. Auch Kindermal-, Töpfer- und Experimentekurse sind überschätzt. Lernforscher halten den gegenwärtigen Trend des Kindertunings sogar für kontraproduktiv. Von der Kognitionsexpertin Elsbeth Stern wissen wir, dass man beim Lernen niemals »den zweiten Schritt vor dem ersten machen sollte«. Genau dies aber ist gang und gäbe: Statt Englischkurs im Kindergarten wären die guten alten Sing- und Sprachspiele (auf Deutsch!) ungleich besser.

Ein Kind nach Kräften zu fördern heißt nicht, dass Eltern dauernd für Input sorgen müssen. Geborgenheit geben, viel vorlesen, später über aktuelle Nachrichten diskutieren und sich für die Themen der Schule interessieren: das reicht, sagen Bildungsforscher. »Kreativität entsteht aus Mangel«, hat der Philosoph Richard David Precht einmal behauptet und davon geschwärmt, wie wunderbar sich ein Kind mit einem

Pappkarton oder im Park beschäftigen könne, mit Stöcken, Steinen, Tannenzapfen. Dafür allerdings muss Zeit sein.

Weitgehend in Ruhe gelassen und im Haushalt als vollwertiges Familienmitglied zum Mitmachen verpflichtet, werden Kinder selbständiger, lebenstüchtiger, erfolgreicher – und ausgeglichener. Eltern solcher Kinder sind zu beneiden.

Familienglück: 15 Spielregeln für Vater, Mutter und Kind

Der größte Feind des Familienglücks ist die Atemlosigkeit, mit der alle durch den Alltagsparcours hetzen. Wer verlangt eigentlich, dass Eltern in ihrem Leben genauso viel unterbringen wie damals, als die Kinder noch nicht da waren? Auch Selbstausbeuter müssen zugeben: Das klappt schon rein zeitlich nicht. Wir raten zur Entschleunigung. Und hätten ein paar Vorschläge*:

* Inspiriert von unserem Lieblings-Erziehungsratgeber »Leitfaden für faule Eltern« von Tom Hodgkinson.

1. Wir wehren uns gegen die Vorstellung, dass Elternschaft das Ende allen Spaßes sein soll.

2. Wir nehmen uns vor, an unseren Kindern nicht permanent herumzuerziehen und uns nicht ständig in alles einzumischen.

3. Wenn es finanziell drin ist, versuchen wir, weniger zu arbeiten: Zeit ist wichtiger als Geld.

4. Wir kaufen nicht jeden Quatsch, den uns die Industrie für unseren Nachwuchs andrehen will.

5. Jawohl, in unserem Haushalt gibt es politisch unkorrektes Spielzeug, wilde Bücher, beunruhigende Filme und Alkohol.

6. Wir schreien uns nach Möglichkeit nicht an. Bevor wir einen Wutanfall bekommen, zählen wir bis zehn.

7. Wir ziehen den Wald/den Fluss/die Berge enervierenden Ausflügen zum Vergnügungspark vor.

8. Wir haben immer genügend Papier und Stifte im Haus, in dem wir viel Musik hören und machen. Untalentierten empfehlen wir den Kauf einer Ukulele – leichter geht's nicht.

9. Die Kinder helfen im Haushalt mit. Wenn sie sich bemüht haben, wird am Ergebnis nicht gemeckert.

10. Die Ambitionen anderer lassen uns kalt. Für den höheren Schulabschluss riskieren wir keinen Dauerbesuch beim Therapeuten.

11. Wir gewöhnen die Kinder früh daran, bei der Oma oder bei Freunden zu übernachten, damit wir mal die ganze Nacht »Mad Men« gu-

cken und knutschen können. Der regelmäßige Abend zu zweit ist uns heilig und senkt übrigens nachweislich das Scheidungsrisiko.

12. Wir bleiben auf dem Laufenden, was in Politik und Kultur so passiert und vernachlässigen auch unsere Freunde nicht.

13. Jeder macht mal was alleine. Da kriegen wir nicht gleich Verlustängste.

14. Wir halten es gut aus, auch mal nichts zu unternehmen.

15. Wir rechnen einander nicht ständig vor, wer was wann gemacht und wer was wieder guthat.

Das Ehepaar im Bett

Ekstatisch: Sex in der Ehe, Teil I

Es ist im hyperinformierten Zeitalter schick geworden, Sex zur überschätzten Angelegenheit zu erklären. Diese Ansicht teilen wir nicht. Leidenschaft ist eine Urgewalt. Was das für Romanzen, Ehen und Familien bedeutet, davon handelt Weltliteratur, große Oper und fast alles im Kino.

Wir halten Sex für ein so großzügiges wie geniales Geschenk der Natur in unserem von vielerlei Mühsal geplagten Dasein. Während der meisten Zeit bemühen wir uns, diverse Anforderungen in Job, Familie, sozialem Umfeld unter Zeitdruck diszipliniert zu bewältigen. Dass wir beim Liebesspiel jede Kontrolle über die Bettkante werfen dürfen, ist also schon mal ein Genuss. Obwohl kostenlos und völlig legal, versetzt Sex uns in einen rauschartigen Zustand, ausgelöst durch nichts weiter als Haut, Lippen, Atemlosigkeit, Hitze.

Sind die beiden beteiligten Menschen auch noch ineinander verliebt – die reinste Ekstase. »When 2 are in love«, heißt es bei Prince, dem unverblümten Großmeister der Sexmusik, »the speed of their hips can be faster than a runaway train ... let's drown in each other's emotions ...« Die uralte Prince-Platte »Lovesexy« gehört in jeden ehelichen Haushalt; überhaupt jede Art wilder Hymne, die Parallelen zwischen Tanz und körperlicher Liebe verdeutlicht.

Im Frühstadium ist ehelicher Sex auch deshalb großartig, weil er läuft wie Sex vor der Ehe. (Achtung: nur möglich, wenn man sich nicht erst nach 20 Jahren Beziehung das Jawort gibt.) In der Lucian-Freud-Ausstellung hält er ihren Gang immer noch für sensationeller als alles, was da an den Wänden hängt, weil er daran denkt, wie sie vorhin vom Bett aufstand, nackt, um ein Glas Wasser zu holen. Im Kino weckt seine Hand auf ihrem Oberschenkel skandalöse Wünsche. Auf der Party von Freunden setzt ein Blick der Geliebten allerhand Kopfkino in Gang. Was später geschieht, kann durchaus länger dauern als die durchschnittlich 17 Minuten bundesdeutschen Beischlafs.

Also, Sie wissen schon, wovon wir sprechen.

In den ersten zwei Jahren gehen Paare durchschnittlich zehnmal pro Monat miteinander ins Bett. Wir wetten, es gibt auch Paare, die es am Anfang ihrer Beziehung annähernd doppelt so oft tun, obwohl manche Ärzte dann unter Umständen bereits »Sexsucht« diagnostizieren würden. Als »hypersexuell« gelten diejenigen, die über einen Zeitraum von einem halben bis einem Jahr wöchentlich sieben Orgasmen erleben. Wir meinen allerdings, ein halbes Jahr ehelicher Sexsucht hat noch niemandem geschadet.

Die Macht der Erotik

Der Suchtcharakter starker Verliebtheit ist gut erforscht und kein Grund zur Besorgnis: Es gibt kaum ein Paar, bei dem die anfängliche Euphorie nicht ganz von alleine nachgelassen hätte. Wie Hormonforscher und Neurobiologen überzeugend behaupten, wäre der herrliche Rausch der Gefühle auf Dauer überhaupt nicht zu ertragen. Hormone und Belohnungsstoffe wie Dopamin, Oxytocin, Vasopressin und Noradrenalin ergeben immerhin einen Cocktail, der so high macht wie Kokain. Angeblich lassen sich Verliebtheit und eine Zwangsneurose im Gehirn nicht voneinander unterscheiden.

Für die Festigung der Liebesbeziehung ist der neurobiologisch-erotische Anfangswahnsinn enorm wichtig. Das Orgasmus-Hormon Oxytocin wirkt als emotionaler Bindungskitt und erzeugt das Gefühl von Sicherheit und Geborgenheit. Je öfter das Paar miteinander schläft (und dabei stabilisierendes Oxytocin ausschüttet), desto mehr Lust verspürt es auch: Der begehrlich machende Testosteronspiegel bleibt hoch. Die amerikanische Anthropologin Helen Fisher vergleicht Sex daher salopp mit Schokolade: »Je mehr man hat, desto mehr möchte man.« Und dass man in dieser frühen Beziehungsphase überhaupt so oft möchte, erläuterte der deutsche Chefaufklärer Oswalt Kolle mit der schlichten Wahrheit: »Der Reiz des Neuen ist eine wesentliche Voraussetzung für guten Sex.«

So ereilt die anfängliche Dauerekstase Mann und

Frau wie ein heftiges Fieber. Wer Glück hat, hat sich zu Beginn seiner Liebe dabei mit einem hinreißenden Virus infiziert, der bis zur Goldenen Hochzeit von Zeit zu Zeit wieder aufwallt. Die größte Aussicht darauf haben diejenigen, die wenigstens am Anfang vor Leidenschaft glühen.

Einige Paarforscher werden nicht müde, den Segen erotischen Glücks für die eheliche Harmonie zu betonen. Eine amerikanische Studie hat ergeben, dass Zufriedenheit im Bett tatsächlich zu mehr Zufriedenheit mit der Partnerschaft führt. Guter Sex wäre demnach ein Resilienzfaktor, der hilft, Enttäuschungen auf anderen Gebieten besser zu ertragen.

Dass am Anfang alles so toll ist, liegt zum Teil also an der hormonellen Liebesdiktatur, die uns phasenweise unzurechnungsfähig macht. Blind vor Liebe. Bebend vor Lust. Befriedigt, also friedlich.

Verhaltenstherapeutisch betrachtet machen frisch Verliebte aber auch vieles richtig, was Paartherapeuten erotisch frustrierten Paaren erst wieder mühsam einzutrichtern versuchen:

Sie räumen Sex hohe Priorität in ihrer Partnerschaft ein. Sie finden trotz Job und Stress Zeit dafür, zum Beispiel den frühen Morgen. Sie sind Experimenten gegenüber aufgeschlossen. Sie registrieren die Reize des Partners und reagieren darauf mit Entzücken. Sie planen ihre Rendezvous: »Was ziehe ich an? In welchen Film gehen wir? Koche ich Gamba-Spaghetti, oder gehen wir Austern schlürfen? Welche Musik lege ich auf?« Und sie flirten geradezu gewohnheitsmäßig, sogar mit Kollegen und beim Bäcker.

Verliebte mit erfülltem Sexleben erstrecken ihre Sinnlichkeit auf alle Lebensbereiche. Sie erotisieren ihren Alltag. Der Swing im täglichen Leben wird auch zur Selffulfilling Prophecy: Wo Erotik in der Luft liegt, bleibt sie nicht aus. Vom Liebesglück profitieren nicht nur Teint und gute Laune, sondern auch das Umfeld. Zufriedene Menschen bedeuten extrem nette Gesellschaft.

Ruth Westheimer, die legendäre deutsch-amerikanische Soziologin und Sexualtherapeutin, hat übrigens einmal behauptet, sie sehe am Gang eines Menschen, ob er sexuell glücklich sei. Achten Sie einmal darauf. Jeder kann das sehen.

08/15:
Sex in der Ehe, Teil II

Nur noch Kuschelsex am Samstagabend und Wir-müssten-eigentlich-auch-mal-wieder-Sex-haben ist der kleinste gemeinsame Nenner, auf den sich viele Paare nach einer gewissen Zeit verständigen. Ohne mit Rücksicht auf den ehelichen Frieden zu viel preiszugegeben, sei hier vermerkt, dass es auch bei uns Phasen gegeben hat, wo in Sachen Sex nicht wöchentlich drei Sylvesterfeuerwerke gezündet wurden.

Diese Entwicklung ist völlig normal: Spätestens nach fünf Jahren halbiert sich die Koitusfrequenz auf etwa fünfmal im Monat. Nach zehn Jahren hat ein Paar noch etwa einmal die Woche Sex miteinander. Auf diesem gemütlichen Niveau kann sich die Sache statistisch gesehen durchaus 25 Jahre halten. Angeblich.

Es gibt drei Gründe, weshalb in Beziehungen irgendwann das erotische Tempo gedrosselt wird. Erstens sinken mit fortschreitender Ehe ausgerechnet die Hormone und Botenstoffe, welche Wollust und Begehren entfachen. Dafür steigt der Spiegel sogenannter Kuschelhormone, die Gefühle von Sicherheit und Geborgenheit erzeugen. Die harmonische Ehe macht es sich im Gefühl großer Nähe behaglich – zu behaglich, vielleicht.

Dummerweise, dies ist der zweite Grund, verlangt Erotik nämlich nach dem Gegenteil, nach Fremdheit und Geheimnis.

Zum dritten wäre da noch der verdammte Trott: Kinder. Konferenzen. Haushalt. Überforderung im Alltag, Stress und Zeitmangel sind zuverlässige Lustkiller.

Das mag man bedauern, nachlassendes Begehren hat aber aus wissenschaftlicher Sicht Vorteile. Die Anthropologin Helen Fisher behauptet beinhart, hielte die Phase der schwärmerischen Liebe an, kämen viele nicht mehr rechtzeitig zur Arbeit, könnten sich auf nichts anderes konzentrieren und würden womöglich an »sexueller Erschöpfung sterben«. Die Hamburger Forschungstruppe rund um den berühmten Sexualwissenschaftler Gunter Schmidt fügt tröstend an, dass eine Paarbeziehung schließlich alltagskompatibel werden muss.

Die Quantität ehelicher Erotik nimmt ab, das ist der Lauf der Dinge. Bevor man darüber jammert, sollte man einen Blick auf Single-Studien werfen: Bei 60-jährigen Ehefrauen spielt sich immer noch mehr ab als bei 30-jährigen alleinstehenden Männern. Wenn Sie also zu den Paaren gehören, die nur noch zehnmal im Jahr miteinander schlafen, das allerdings mit Vergnügen, sollten Sie sich weder vom Eros-Overkill der Medien noch von einschüchternden Koitus-Statistiken ins Bockshorn jagen lassen. Sexuelle Bedürfnisse sind Privatsache. Es wäre ja noch schöner, wenn wir uns vom gesellschaftlichen Perfektionswahn auch noch diktieren ließen, wie oft wir uns zu lieben haben.

Aber machen wir uns nichts vor: Permanenter 08/15-Sex rutscht in gefährliche Nähe zu schlechtem Sex. Langweilig, seelenlos-routiniert, eigentlich der

Mühe nicht wert. Diese Art von Begegnungen sorgen ganz von alleine dafür, dass einem die Lust gründlich vergeht. Zumindest die auf den eigenen Partner.

Nicht die Lust verlieren

»Guter Sex trotz Liebe« – gar nicht so einfach. Der renommierte Sexualwissenschaftler Ulrich Clement, der ein Buch mit diesem Titel geschrieben hat, hält es für einen fatalen Fehler anzunehmen, guter Sex ergebe sich von selber: »Das gilt vielleicht für junge Beziehungen; in längeren Beziehungen muss ein günstiger Kontext für die Lust hergestellt werden. Man muss sich entscheiden, sexuell aktiv zu werden.«

Nicht nur das, sondern auch: sexuell attraktiv zu bleiben. Wie man das macht?

Gute Frage! Was anhaltend sexy wirkt, gehört zu den großen Mysterien der Menschheit. Wir vermuten mal, eine gewisse Eigenständigkeit könnte nicht schaden. Man sollte den Partner ab und an zu Hause lassen, um mit Freunden ins Kino zu gehen oder in die schickste Bar der Stadt. Man könnte ein interessierter Mensch bleiben, der eigenen Geschmack wie eigene Meinung pflegt und auch ohne Ehe-Souffleur weiß, wen man bei der Bundestagswahl wählen will. Und nicht zuletzt müsste man sich verbieten, alt, dick und hässlich zu werden und sich in Anwesenheit der besseren Hälfte die Fußnägel zu schneiden.

Wer das ein oder andere beherzigt, hat immerhin eine Chance, sich in den Augen des anderen jenes Fünkchen Geheimnis zu bewahren, das Begehren nun mal erfordert.

Auch nicht schlecht: Sprechen über stille Wünsche, selbst auf die Gefahr hin, den Partner zu erschrecken. Nach einer Studie der Universität Göttingen ein nur geringes Risiko: Annähernd zwei Drittel aller erotischen Fantasien würden Frauen und Männer ihren Partnern liebend gerne erfüllen … wenn sie nur davon wüssten.

Das kann man alles beherzigen und wird der Gewöhnung doch nicht entgehen. Dann hilft nur noch eine anregende Lebensweisheit, auf die wir neulich ausgerechnet bei der Lektüre eines Pilgerberichts des

Wiener Schriftstellers Thomas Glavinic stießen. »Eine geliebte Person wird nie alt, wird nie langweilig und leblos, wiederholt sich nie, auch wenn sie alles gleich tut«, heißt es da. Das Neue im Alten wiederzufinden – eine Aufforderung, die für's ganze Leben gilt, wir wissen schon. Wie schön, wenn es tatsächlich gelänge, alten Nachthemden und uralten Pyjamas zum Trotz.

Tote Hose: Kein Sex in der Ehe

Freundlichen, entspannten 08/15-Sex halten all diejenigen für ein Luxusproblem, die an einem Tiefpunkt ihrer ehelichen Sexualität angelangt sind: dem erotischen »Rien ne va plus«.

Dass die Ehe eine Institution zur Lähmung des Geschlechtstriebs sei, ist eine böse Behauptung des Dichters Gottfried Benn. Ebenso gnadenlos hat auch Charlotte Roche in einem Interview einen typischen Liebesverlauf zusammengefasst: »Zuerst verschwindet aus den Beziehungen der Sex, und dann geht auch alles andere den Bach runter.« Wir stimmen der Verfasserin der Skandalromane »Feuchtgebiete« und »Schoßgebete« nicht bei jeder Provokation zu. Aber wo sie recht hat, hat sie recht.

In Umfragen wird eine gute Sexualbeziehung an

zweiter Stelle wichtiger Faktoren für eine glückliche Ehe genannt (an erster Stelle steht Treue). Wenn guter Sex tatsächlich ein Resilienzfaktor in Beziehungen ist, wie Paarforscher behaupten, dürfte es der ehelichen Harmonie also beträchtlich schaden, wenn sich diesbezüglich gar nichts mehr abspielt: keine Zärtlichkeiten, keine Küsse, kein Liebesspiel. Sexuelle Unlust verschärft Beziehungskonflikte, und Unmut in der Beziehung schafft weitere sexuelle Unlust. Eine gefährliche Abwärtsspirale. Am Ende steht dann die Beobachtung der Hobby-Eheforscherin Charlotte Roche: »Eines Tages schaut man den Partner an und merkt, wie man langsam angefangen hat, ihn zu verachten.«

Dies ist die Phase, in der sich zwischen Paaren öffentliche Demütigungen einzuschleichen beginnen. Wir waren Zeuge mancher Szenen, bei denen der gereizte Ton sexueller Frustration in der Luft lag wie Giftgas. Da wurde über Hobbys des Partners derart verächtlich geätzt (Bundesliga! Golfspielen! Frühlingsrollen drehen!), dass jedem klar war, worüber eigentlich gehöhnt wurde: über Ersatzbefriedigung.

Der lustlose Mann

Jawohl, es gibt Zeiten, in denen im Ehebett Ruhe herrscht. Wenn die Kinder klein sind, zum Beispiel, und neben Stillen, Wickeln, Spuckeimerleeren und Bettchen-frisch-Beziehen kaum Raum für eheliche Verspieltheit bleibt. (Gut heißen wir das allerdings nicht. Auch junge Eltern brauchen Zeitinseln.) Oder, wenn ein Paar mit 70 Jahren statt erotischer Gipfel lieber toskanische Hügel erklimmt. (Wir wollen hoffen: gelegentlich noch Hand in Hand.)

Auch kennen wir ein Ehepaar, das seit früher Verliebtheit in der Schulzeit zusammen ist, zwei Söhne bekam und um die langen 08/15-Sex- beziehungsweise Tote-Hosen-Phasen kein großes Drama machte. Kürzlich trafen sie sich aber eines Nachts zufällig im Gästezimmer, sie auf der Suche nach Nähzeug, er auf der Suche nach Reserve-Zigaretten. Die Kinder schliefen. Nach einem überraschenden Comeback staunten unsere Freunde am nächsten Morgen, wie sie diese großartige Angelegenheit so lange vergessen konnten. Heute verabreden sie sich bisweilen »im Gästezimmer« und erleben nach 25 Jahren Liebe den zweiten Frühling.

Hoch problematisch allerdings ist, wenn nur einer von beiden beschlossen hat, dass erotische Freuden eher unwichtig seien oder »doch wohl hinter uns liegen«. Interessanterweise sind dies neuerdings oft die Ehemänner, dem Klischee allzeit bereiter Kerle zum Trotz. Ein Tabuthema. Sexuell verschmähte Frauen reden erst nach zwei Gläsern Wein im Kreise ihrer Freundinnen Tacheles. Sie würden sich wundern, in wie vielen Ehen dem Mann das Verlangen abhandengekommen ist, wenn man den verzweifelten Berichten Glauben schenken darf.

In einem Fall lässt ein Mann seine Frau am ausgestreckten Arm verhungern, weil er an ihrer Treue zweifelt. Ein anderer straft seine Gattin mit Verweigerung, weil sie es nach der Geburt nicht geschafft hat, wieder die schlanke, erfolgreiche Frau zu werden, die er einmal geheiratet hat. Ein dritter scheint Schönheit und Charme seiner Liebsten gar nicht wahrzunehmen – als Einziger des Bekanntenkreises. Jeder kleine Kuss, jede Berührung geht von ihr aus.

Der lustlose Mann ist offenbar ein Phänomen der jüngeren Zeit, wie Paartherapeuten berichten, in deren Praxis dieses Thema verstärkt zur Sprache kommt. Nur zehn Prozent der Männer unter 40 Jahren, so schätzen Urologen, leiden unter Hormonmangel. Alle anderen haben kein organisches Problem. Auch die Psychologen können nur vage Vermutungen über den Zusammenhang von emanzipierten, fordernden Frauen und sich sexuell verweigernden Männern anstellen.

Aus Gründen der Fairness sei angemerkt: Natürlich beherrschen auch Frauen den Sexentzug als Instrument der Rache. Schon Aristophanes' »Lysistrata« stachelte die Frauen des antiken Athen zur sexuellen Verweigerung auf, um ihre Gatten vom Krieg abzubringen.

Moderne Frauen vermeiden die Avancen ihres Partners nicht selten auch deswegen, weil sie sich schlaff/dick/unsexy fühlen. Das brutale Schönheitsdiktat der Topmodel-Ära kann ein echter Abturner sein.

Wieder anfangen

Das Schlimme an der sexlosen Ehe ist, dass jeder, der die Ehe fortsetzen möchte, weiß, dass sie ohne Intimität nicht auskommt. Dass man also: wieder anfangen muss. Nur: wie?

Paare, die einander schon lange nicht mehr anrühren, sind gedemütigt, tief verbittert und haben einen Großteil ihres sinnlichen Selbstbewusstseins eingebüßt. Wer dann beim Verführungsversuch zurückgewiesen wird, wird die Finger vom Gefährten lassen. Nichts ist demütigender, als jemandem Dessous vorzuführen, der auf Albernheiten wie Leopardenmuster nur konsterniert reagiert.

Wer dann bei Sex-Ratgebern landet, kann sich ebenfalls zu Tode erschrecken. Ältere Männer erfahren dort zum Beispiel, dass das Ausbleiben ihrer Erektion beim schieren Anblick weiblicher Nacktheit ein Vorstadium der erektilen Dysfunktion und leider normal ist. (Peinlich für viele Männer, die nun ebenfalls ein Vorspiel brauchen. Für ihre Gattinnen, die bislang sich die Schuld gaben, aber enorm entlastend.)

Man erfährt aber auch, dass die Wiederaufnahme ehelicher Pflichten grotesk anmutende Übungen erfordern kann. Der amerikanische Ehe-Therapeut David Schnarch etwa schlägt ein Radikalprogramm der körperlich-seelischen Annäherung vor: 1. »Umarmung bis zur Entspannung« (im Stehen). 2. »Köpfe auf Kissen« (liegend, sich betrachtend). 3. »Spüren und Berühren«. Wer die enorme Peinlichkeit, die diese Etappen erzeugen, gemeistert hat, ist reif für die Königsdisziplin: »Achtsamer Oralverkehr«.

Wer nach langen, spröden, kühlen Zeiten wieder Intimität mit dem Partner erleben will, hat sich einiges vorgenommen. Ehrlich gesagt: ohne Paartherapie ist es kaum zu schaffen. Der erotische Neuanfang fällt so schwer, dass man sich gut überlegen sollte, ob man die gefährliche Eiszeit wirklich riskieren darf.

Für eine Selbsttäuschung halten wir übrigens den Gedanken, dem Tod der ehelichen Sexualität sei mit Würde zu begegnen.

Der totgewähnte Trieb ist schneller erwacht, als manchem lieb ist: spätestens, sobald eine Affäre lockt.

Gefährlich: Sex ausserhalb der Ehe

Untreue sollte kein Problem der jungen Ehe sein. Falls die knallharte Regel »Wenn er nur einmal betrügt, ist die Beziehung am Ende« der Ehebibel »The Rules«, nach der haufenweise Amerikanerinnen versuchen, einen Mr Right zu angeln, irgendeine Berechtigung hat: dann hier. An langjähriger Ödnis kann es jedenfalls kaum liegen, wenn in der Frühphase der Liebe einer fremdgeht. Eher schon an falscher Partnerwahl.

Später gelten andere Gesetze. »Die Ketten der Ehe sind so schwer, dass man sie bisweilen nur zu dritt tragen kann«, konstatierte der Schriftsteller Julian Barnes auf feine englische Art. Ein Seitensprung hat schon manche häusliche Gemeinschaft erträglich gemacht, mitunter sogar belebt.

Die alte Geschichte

Ehebruch bedeutet Risiko, mehr Adrenalin und genau die Art Aufregung, die bei allzu viel Harmonie oder in einer erotischen Wüste Gobi verführerisch wird. Er lockt mit dem Reiz des Neuen und also genau mit dem, womit eine langjährige Ehe beim besten Willen nicht aufwarten kann. Monogamie kann in Monotonie münden. Dafür muss man seinen Partner nicht einmal lästig finden oder gar abstoßend. Er trägt irgendwann einfach »den Makel, der Partner zu sein«, wie der Philosophieprofessor Franz Josef Wetz in seinem Büchlein »Lob der Untreue« befindet.

Nach der Studie eines Kondom-Imperiums haben 44 Prozent der Deutschen ihren Partner schon einmal betrogen. 49 Prozent der Männer sind auf Abwegen gewandelt, 37 Prozent der Frauen ebenso. Während wir Untersuchungen sexueller Fragen mit Skepsis betrachten, halten wir diese Zahlen für realistisch: Wer seine Geheimnisse einem Kondomhersteller anvertraut, spricht vermutlich glatt die Wahrheit.

Untreue erfreut sich langer Tradition. Der Rokoko-

Herr etwa unterhielt neben seiner Ehefrau oft selbstverständlich eine (durchaus respektierte) Mätresse – man denke nur an Madame de Pompadour, die Geliebte des französischen Königs Louis XV. Im 19. Jahrhundert untersuchte die Literatur mit Interesse die außerehelichen Betätigungen braver Ehegattinnen, bestrafte sie aber hart. Wer die Eheromane »Anna Karenina«, »Madame Bovary« und »Effi Briest« kennt, wird bemerkt haben: Die Mitschuld der Ehemänner bleibt nicht unentdeckt, doch am Ende sind alle Ehebrecherinnen tot.

Erst die erotisch erwachenden Frauen des beginnenden 20. Jahrhunderts betrachteten Untreue als Akt der Gleichberechtigung, wie die Germanistin Hannelore Schlaffer in der Abhandlung »Die intellektuelle Ehe« beschreibt. Die sexuelle Revolution der Hippiebewegung in den wilden Sechzigern hielt Treue sowieso für doof und bourgeois.

Heute gehört Ehebruch keineswegs zum statusfördernden Lifestyle. Wer ihn begeht, prahlt nicht damit; das tun nur peinliche Berlusconis. Eine Affäre pusht das Ego wie eine Chanel-Tasche oder eine Riva-Yacht mit dem Nachteil, dass man das Prestigeteil leider nicht zeigen darf. Betrügende träumen eben doch oft eher von der kleinen Alltagsflucht als vom Aufbruch ins neue Glück. Monogamie bleibt das romantische Ziel. Allein, es fällt oft schwer.

Interessant ist daher die Instrumentalisierung der Affäre als stabilisierendes Element der ehelichen Beziehung. In unserem Bekanntenkreis wissen wir von einem knappen Dutzend untreuer Ehepartner, bei denen die Partnerschaft vor allem noch *wegen* heimlicher Untreue besteht. Eine temperamentvolle Mutter zweier Kinder etwa bestraft das Misstrauen ihres eifersüchtigen Gatten damit, dass sie ihn in der Tat betrügt. Ein duldsamer Mann sammelt Kraft für die Cholerik seiner Gattin, indem er ihre Dominanz mit Trostaffären kompensiert. Und eine äußerst attraktive Kollegin rächt sich für das Desinteresse ihres lustlosen Mannes, indem sie in zwölf Jahren Beziehung schon die vierte Liebschaft unterhält, unter abenteuerlichen organisatorischen Bedingungen. Ihren eigenen Mann mit Reizwäsche und achtsamem Oralverkehr zu animieren, hat sie längst aufgegeben. Die beiden führen die schönste Fassadenehe, die wir kennen: Im teuren Eigenheim geben sie Diners und Hauskonzerte, pflegen einen arrivierten Freundeskreis und sprechen voll Respekt voneinander. Bis wir erfuhren, dass im eleganten Schlafzimmer kein Sex stattfindet, waren wir schwer beeindruckt. Heute sind wir es immer noch: Derlei Kaltblütigkeit ist nicht jedem gegeben.

Schwaches Fleisch, starke Nerven

Der Preis für außereheliche Ausflüge ist hoch: Die Abenteurer zittern vor Entdeckung. Ist die Heimlichkeit nicht der halbe Spaß an der Sache? Aber sicher! Einchecken im Hotel unter falschem Namen, gestohlene Stunden in der Mittagspause: Ehebruch ist die Fortführung der kindlichen Lust am Verbotenen mit erwachsenen Mitteln.

Dennoch ist die Angst begründet: Fremdgehen ist statistisch gesehen Trennungsgrund Nr. 1. Eine mehrjährige Affäre, womöglich mit Nebenfamilie, wiegt dabei schwerer als ein einmaliger Ausrutscher. Entdeckte Untreue erschüttert nicht nur das Vertrauen, sie bedeutet auch eine üble narzisstische Kränkung des Betrogenen. Ganz zu schweigen von nächtelangen Diskussionen und Kreuzverhören. Ziemlich schwer, sich davon zu erholen. Meist wuchert beim Hintergangenen dennoch der Groll, ein äußerst zerstörerisches Geschwür, das schon mancher Beziehung den Garaus gemacht hat.

Untreue ist daher brandgefährlich. Zumindest dann, wenn man die Ehe eigentlich ganz gerne aufrechterhielte. Wir stellen das keineswegs aus moralischen Gründen fest, sondern aus pragmatischen. Lügen und Taktieren erfordern eiserne Nerven, höchste Konzentration und Menschenkenntnis. Gehört der betrogene Partner zu den Wahrheitsfanatikern, oder muss man die schwere Bürde der Verschwiegenheit tragen? Kann man das? Wer weiß schon, ob er im Schlaf nicht spricht?

Ganz abgesehen von den Forderungen, die jene Affären zu stellen pflegen, die sich nicht mit der Rolle eines One-Night-Stands begnügen wollen. Im 80er-Jahre-Thriller »Eine verhängnisvolle Affäre« versetzte

Glenn Close als abgelegte Geliebte mit ihrem Rachefeldzug eine ganze Generation von Ehemännern in Angst und Schrecken. Erst entführte sie das Töchterchen des Ex, dann metzelte sie das häusliche Kaninchen, zuletzt stand sie messerschwingend im Familienbad. Zur Beruhigung: Exliebhaber schreiben eher anonyme Leidensberichte in Frauenmagazinen. Kompromittierende Anrufe und SMS sind aber immer drin.

Die lästigen Folgeerscheinungen des Seitensprungs hat der amerikanische Schriftsteller John Updike in seinem Mittelschichtsklassiker »Ehepaare« abschreckend beschrieben: »Die ersten Schritte beim Ehebruch sind die einzig freien; später entstehen eheähnliche Zwänge.« Über diese Einsicht lohnt sich nachzudenken. Vorher.

In guten wie in schlechten Nächten: Sechs Tipps für Langzeitpaare*

1. Wir bemühen uns im Großen und Ganzen um einen erfreulichen Anblick. Der Gedanke »Ist doch egal, wie ich aussehe« hat nämlich auch schon viel Schaden angerichtet.

2. Was William Shakespeare wusste, wissen wir schon lange: »Eine schmutzige Fantasie ist ein ewiges Fest.« Kontrollzwang ist hierbei unangebracht. Der Griff zum guten Buch/Film/Bildband kann inspirieren.

* Inspiriert von Franziska zu Reventlow (»Man braucht doch auch Abwechslung vom Ernst des Lebens«). Und William Shakespeare.

3. Wir warten nicht darauf, dass der Partner die Initiative ergreift. Wenn's trotzdem mal nicht so läuft, sollten wir uns auf das Thema nicht versteifen.

4. Auch sonst pflegen wir gewisse Anzüglichkeiten und schreiben uns zum Beispiel frivole SMS.

5. Wenn spontaner Sex im Alltag nicht drin ist, verabreden wir uns dazu. Finden wir nicht unromantisch, sondern verwegen.

6. Wenn wir in die Jahre kommen, sagen wir uns das Ergebnis einer US-Studie auf: 80 Prozent der älteren Paare, die sexuell noch aktiv sind, nennen ihre Ehe glücklich.

Das komische Ehepaar

Humor in der Ehe: Kurt Tucholsky erzählt einen Witz

Was beweist Humor in der Ehe? Wenn ein Ehemann, der darunter leidet, seine Frau sexuell nicht glücklich machen zu können, diese in eine Paartherapie schleppt, wo beide über folgenden Witz ihres Therapeuten herzlich lachen: »Was tut ein Mann, damit seine Frau ihren ersten wirklich tollen Orgasmus hat? Antwort: Er passt auf die Kinder auf.«

Der Psychologe Arnold Retzer erzählt diese wahre Geschichte in seinem »Lob der Vernunftehe«, einem Buch, das die wunderbare Auffassung vertritt: »Es gibt nicht den geringsten Beleg dafür, dass ein Eheleben ernst sein müsste. Im Gegenteil. Dort, wo es nur noch ernst zugeht, geht es früher oder später todernst zu, und das meint ja wohl das Gegenteil von lebendig.« Er folgt damit dem Lyriker Eduard Mörike, der der Ansicht war: »Wer keinen Humor hat, sollte eigentlich nicht heiraten.«

Wer wenigstens über ein klein wenig Humor verfügt, darf hoffen: Bekanntermaßen ist Humor nicht nur eine der wirksamsten Antworten auf verzweifelte Lebenslagen, er gedeiht in solchen auch am besten.

Man denke an den sogenannten Galgenhumor, den der bayerische Räuber Kneißl bewies, der am Morgen seiner Hinrichtung angeblich geknarzt haben soll: »De Woch fangt scho guat o!« Legendär ist natürlich der jüdische Humor (»Wenn man arbeitet, hat man keine Zeit, Geld zu verdienen«); die Scherzbereitschaft in der untergehenden DDR (»Der Letzte macht das Licht aus«) war ebenfalls beachtlich.

Auch wer je in einem Unternehmen gearbeitet hat, das eine existenzielle Krise durchlitt, wird festgestellt haben, dass es dort lustig zugeht wie nie zuvor. Vielleicht nicht auf Führungsebene; aber doch ganz gewiss weiter unten, wo dröge Kollegen zu zwerchfellerschütternden Komikern auflaufen. Der Witz, so Sigmund Freud, ist eben »die letzte Waffe des Wehrlosen«.

Sie gehört daher unbedingt in die Hände von Eheleuten. Es braucht schon mehr als Liebe, um tagaus, tagein mit einem Wesen zu leben, das bisweilen schnarcht, schmollt, grundlos schlechte Laune hat oder einen damit rasend macht, dass es den Schlüsselbund stets dann verlegt, wenn man das Haus verlassen will. Geduld, zum Beispiel. Und ein heiteres Gemüt.

Darüber verfügt zum Beispiel unser Freund Christian, der eines Nachts davon geweckt wurde, dass ihm seine schlaftrunkene Gattin eine kräftige Ohrfeige verpasste; sie hatte geträumt, er küsse eine andere. Manch einer hätte sein Bettzeug gepackt oder gleich den Koffer, Christian dagegen rief aus: »Wie schön, dass du dich noch im Schlaf nach mir verzehrst!«

Lachen statt ärgern

Lachen senkt die Stresshormone im Blut, entspannt die Muskeln und setzt Glückshormone frei. Zwei Minuten Lachen seien für Körper und Geist ebenso förderlich wie 20 Minuten Joggen, behauptet ein indischer

Arzt. So betrachtet, stellt sich die Ehe als gesundheitsfördernde Lebensform dar: Sie bietet Grund zur Heiterkeit und Gelegenheit, seinen Sinn für Humor reifen zu lassen. Die Ansicht, sich mit dem Ehegatten auch einen Clown ins Haus geholt zu haben, trägt auf jeden Fall mehr zu einem harmonischen Zusammenleben bei als noch so berechtigter Ärger über menschliche Schwächen. Dass Kinder sich so viel schneller vertragen als Erwachsene, könnte also auch damit zusammenhängen, dass sie am Tag etwa 400 Mal etwas zum Lachen finden – Erwachsene hingegen nur 20 Mal.

Sinn für Humor ist in allen ehelichen Krisen ratsam, in denen man nicht weiß, ob man lachen oder weinen soll. Humor ist, wenn man trotzdem lacht, lautet ein alter Spruch, der nur deshalb abgegriffen klingt, weil er so wahr ist: Das kleine »Trotzdem« hält Beziehungen lebendig. Man liebt den Partner, obwohl einem seine Pedanterie das Leben zur Hölle macht. Obwohl sie jedes Mal aufbrausend wird, nur weil sie hungrig ist. Obwohl beide in ihrer Unvollkommenheit eine bisweilen lächerliche Figur abgeben.

Humor in der Ehe entschärft aggressive Situationen, weil er sich – anders als böser Sarkasmus – nicht über die Beteiligten lustig macht, sondern über die Absurdität der Situation. Als freundlicher Anarchist, der sich der Eskalation widersetzt, steht er über den Dingen. Er ist gewissermaßen: Spott plus Liebe.

Wir würden Ihnen abschließend gerne einen Witz von Kurt Tucholsky erzählen; allein, wir kennen die Pointe nicht. Das Paar in Tucholskys Posse »Ein Ehepaar erzählt einen Witz« gerät sich ausgerechnet beim Referieren eines Schwankes derart in die Haare, dass bald die Rede ist von schlechter Kinderstube, Komplexen und Scheidung. Das Ende des Witzes erfahren wir nicht, dafür alles über bierernste Rechthaberei und ihre Folgen. Darüber können Menschen, die 50 Jahre lang verheiratet sind, wahnsinnig lachen: Tucholskys kleines Stück gehört zu den beliebtesten Vorträgen auf goldenen Hochzeiten. Ohne Selbstironie ist dieses Jubiläum nicht zu schaffen.

Die Dialektik des Einparkens

Männer und Frauen passen einfach nicht zusammen. Dieser Überzeugung verdanken Bücher und Comedy-Shows großen Erfolg. Die besten Scherze sind eben immer die, unter denen die Wahrheit durchschimmert.

Geschlechterklischees auf dem Prüfstand:

Frauen können nicht einparken: Männer sind in dieser Disziplin nur einen klitzekleinen Hauch genauer, beim parallelen Einparken aber ganze 42 Sekunden schneller. Vermutlich beflügelt sie ihr fundamentaler Glaube an die eigene Geschicklichkeit.

Männer hören schlecht: Ehefrauen behaupten, Männer würden im Laufe der Zeit gattinnentaub. Neueste

Untersuchungen aber entlasten die Männer, welche, in jeder Altersstufe, einfach schlechter hören. Sogar die ledigen.

Frauen können sich nicht orientieren: Deswegen haben wir von ihm zu Weihnachten auch ein Navigationsgerät bekommen. Große Freude. Tests, bei denen Männer und Frauen den schnellsten Weg zum Bahnhof finden mussten, absolvierten beide Geschlechter allerdings gleich gut. Wir vermuten: Die Frauen haben sich durchgefragt.

Männer sind Schweiger: Die Studien widersprechen einander. Die eine attestiert IHM gerade karge 2000 Wörter am Tag, eine andere immerhin 12 000 Wörter, was verglichen mit den 30 000 Wörtern einer Frau auch nicht doll ist. Eine amerikanische Untersuchung behauptet nun, die Geschlechterunterschiede in Sachen Redseligkeit seien minimal.

Frauen frieren immer: Stimmt, vor allem an den Füßen. Frauen haben weniger Muskeln und erzeugen weniger Wärme. Sie geben davon auch noch mehr an die Umgebung ab, weil sie im Verhältnis zum Körpergewicht eine größere Hautoberfläche haben.

Männer beladen die Spülmaschine effizienter: Angeblich gibt es beim Beladen keine geschlechtsspezifischen Unterschiede. Unsere Alltagserfahrung: Sollten Männer – zumindest jene mit technischer Ausbildung – versehentlich einmal die Spülmaschine öffnen, beginnen sie unverzüglich umzuräumen.

Frauen kaufen ständig Schuhe: Ach Gottchen, die durchschnittlich sechs Paar im Jahr! Dass Männer mit zwei Paar Schuhen hinkommen, ist ja kein Kunststück: eins braun, eins schwarz. Fertig.

Männer schnarchen: Jede vierte Frau mit einem Gatten unter 60 Jahren ist Schnarchopfer. Das Risiko für die Frau steigt mit dem Alter des Mannes. Schuld ist die auch im Rachenraum erschlaffende Muskulatur. Je schlaffer das Gaumensegel, desto heftiger flattert es beim Schlafen im Atemwind.

Ungleiche Paare: Some like it hot

Wenn Männer und Frauen sowieso nicht zusammenpassen, ist es umso erheiternder, zu welch verwegenen Kombinationen das menschliche Paarungsverhalten führen kann. Gegensätze ziehen sich an und schüren heiße Leidenschaft. Manchmal führen sie auch nur zu einem guten Deal.

Einem so verführerischen, dass selbst Daphne (Jack Lemmon) in Billy Wilders Komödie »Some like it hot« kurz erwägt, den froschmäuligen Osgood Fielding zu erhören: »Das ist vielleicht meine letzte Chance, einen Millionär zu heiraten!«

Puma-Ladys und ihre Toy-Boys

Warum sich Damen um die 50 mit jungen Männern vergnügen? Madonna sprach vermutlich die Wahrheit:

»Sie wissen zwar nicht, was sie tun, aber sie tun es die ganze Nacht.« Demi Moore, Ivana Trump und Nina Hagen haben's auch probiert. Hagen lebt inzwischen bekennend keusch, Moore musste in die Reha-Klinik.

Alte Herren und junge Dinger

Hugh Hefner, Joschka Fischer, Lothar Matthäus, Helmut Kohl, Jörg Immendorf, Sky du Mont, und außer Konkurrenz …

… Johannes Heesters, über den einst unser Lieblingswitz kursierte: Klopft der Tod an die Tür von Heesters, damals 108, und Gattin Simone Rethel, 62. Jopie macht die Türe auf, dreht sich um und ruft: »Simooo-ne! Für dich!«

Die Schöne und das Biest

Durch dick und dünn und groß und klein … Reiner Calmund und Frau Sylvia, Bernie Ecclestone und Slavica, Mick Jagger und Scott L'Wren.

Der Schöne und das Biest

Juristische Bedenken zwingen uns, Ihnen statt Namen

ein Rätsel aufzugeben: Häuslekredit, Upgrading in die Business-Class des Ferienfliegers, schillernde Millionärsfreunde, Zapfenstreich … Cherchez la femme!

Wunderlich werden im Unruhestand

Auch alte Paare wirken bisweilen komisch: Sie sind umständlich, tüdelig, hören schwer, verwechseln alles, werden dafür immer sturer und generell ein wenig seltsam.

Dies gilt in besonderem Maße für Männer am Übergang vom Berufsleben in den Ruhestand. Ihr Problem: Es fehlt Plan B.

Im Loriot-Film »Pappa ante Portas« tappt der frischpensionierte Heinrich Lohse in alle Fallen, vor denen Altersforscher warnen: Er hat kein Netzwerk aus Freunden und Bekannten, er pflegt kein Hobby (weder ein eigenes noch eines, das ihn mit der Ehefrau verbindet), und er überträgt seinen einstigen Arbeitsbereich als Einkaufsleiter mit lästiger Hingabe ins Private. Wenn er nicht palettenweise Senf kauft, sitzt er zu Hause herum, statt sich ein Ehrenamt zu suchen oder ein Seniorenstudium zu beginnen, wie es andere unterforderte Rentner so tun. Herr Lohse hingegen reizt die Gattin schon bald mit seiner bloßen Anwesenheit und provoziert eine ernste Ehekrise.

Im Zeitalter moderner »Best Ager« können sich Senioren noch ganz anders lächerlich machen: durch Haarimplantation, Doppelkinnstraffung und ein smarteres Smartphone, als es der Enkel besitzt.

Das kann ja heiter werden: Fünf kleine Ehekomödien

Man muss das eheliche Miteinander nicht ernster nehmen, als es ist. Diese Filme machen es vor – fünf Vorschläge für amüsante Atempausen:

»Ehekomödie – That Uncertain Feeling«

Ernst Lubitsch, USA 1941

Eine New Yorker Lady (die zauberhafte Merle Oberon) leidet unter Ehemüdigkeit sowie unter psychosomatischem Schluckauf, verfällt einem Künstler und wünscht die Scheidung. Ihr Ehemann (Melvyn Douglas), ein braver Geschäftsmann, vermasselt dem Liebhaber rechtzeitig die Tour: Keiner kennt die No-Gos einer Frau so gut wie ihr Gatte. Elegante Parodie gängiger Ehe-Einschlaf-Rituale und schlitzohriges Loblied auf die Macht der Gewohnheit.

»Ehekrieg – Adam's Rib«

George Cukor, USA 1949

Screwball-Comedy aus Hollywoods goldenen Zeiten: Ein fortschrittliches Juristenpaar (Katharine Hepburn und Spencer Tracy) übernimmt die gegnerischen Seiten eines Eifersuchtsfalls und führt plötzlich seinen eigenen Kampf um Gleichberechtigung und Emanzipation.

»Alles erlaubt – Eine Woche ohne Regeln«

Bobby Farrelly und Peter Farrelly, USA 2011

Ein Freibrief für eine Woche Pause von der Ehe: Zwei Ehefrauen machen ihren Göttergatten ein unerwartetes Geschenk. Wie so oft ist Träumen toller als Tun. Achtung: Dieser wüste Spaß der Farrelly-Brüder fällt in die Kategorie der »guilty pleasures«. Vielleicht gucken Sie ihn besser auf Englisch, um nicht jede Zote verstehen zu müssen.

»Der Gott des Gemetzels«

Roman Polanski, Frankreich, Deutschland, Polen 2011

Zwei Paare auf engstem Raum, und irgendwann hasst jeder jeden. Die Verfilmung von Yasmina Rezas Bühnenstück lässt nicht nur die Fassaden zweier Ehen krachend zusammenstürzen, sondern auch die Lebenslügen von vier Unsympathen. Schrecklich lustig!

»Das Frühstücksei«

Loriot, 1977 – http://www.myvideo.de/watch/7726192/loriot_das_fruehstuecksei

Je länger man sich kennt, desto schneller die Eskalation. Das Aneinander-vorbeireden gutbürgerlicher Eheleute über ein Viereinhalb-Minuten-Ei mündet in einem: »Ich bringe sie um. Morgen bringe ich sie um!« Der gute Loriot wusste, was Ehe bedeutet. Er war 60 Jahre verheiratet.

Das verkrachte Ehepaar

Lob der Krise

Vor das eheliche Glück hat der Gott der Weisheit ein paar Krisen gesetzt. Bekannt sind: die Krise des Zusammenfindens, die Hochzeitskrise, die Ikea-Einkaufskrise, die Hilfe-es-klappt-nicht-mit-dem-Baby-Krise, die Krise nach dem ersten Kind.

Kinder machen ein Paar besonders anfällig. Sie verwandeln zwei muntere Egoisten mit Vorliebe für Wochenendausflüge nach Paris in erschöpfte Eltern, die neben der Bewältigung des täglichen Lebens auch ihre eigene Identität (als Einzelwesen, aber auch als Paar) neu erfinden müssen. Ziehen die Kinder irgendwann aus, stürzen sie ihre ergrauten Eltern wiederum in eine schwierige Phase: »Und was fangen wir nun mit dem Rest unseres Lebens an?!« Nicht zu verwechseln ist dies mit der Midlife-Crisis. Und vergessen wir nicht sonstige Krisen durch Arbeitslosigkeit, Krankheit, Schulversagen der Kinder oder Affären.

Die Liebe, flachste der als Humorist lange unterschätzte Franz Kafka, sei doch eigentlich unkompliziert »wie ein Fahrzeug. Problematisch sind nur die Lenker, die Fahrgäste und die Straße«.

Erst erkennen sich zwei als verwandte Seelen, plötzlich hegt man finstere Gedanken, wie Frank Wheeler aus dem Roman »Zeiten des Aufruhrs« von Richard Yates.

»Ist das nicht verrückt?«, denkt der wütende Held in einer Schlüsselszene des Ehedramas, während er sich mit Gartenarbeit abreagiert: Als ob das sein Traum gewesen wäre, Heirat und Kinder! »War es nicht so, dass sein Leben von da an zu einer Abfolge von Ereignissen geworden war, die er eigentlich gar nicht gewollt hatte? Seine hoffnungslos öde Arbeit, die er angenommen hatte, um zu beweisen, dass er ein ebenso verantwortungsvoller Familienvater war wie andere auch, seine zu teure, elegante Wohnung, in die er gezogen war, um zu zeigen, dass er wie jeder Erwachsene an die Fundamente Ordnung und Wohlstand glaubte, das zweite Kind, das sie bekommen hatten, um zu beweisen, dass das erste kein Irrtum war … Immer wieder hatte er etwas beweisen müssen; und nur deswegen, weil er verheiratet war mit einer Frau, die es irgendwie geschafft hatte, ihn für immer und ewig in die Defensive zu drängen …«

Hier hat die Ehekrise sich zur Sinnkrise ausgewachsen, jenem fatalen Zustand, in dem man sich um sein Glück betrogen sieht und mutmaßt, ohne den anderen (oder mit einem anderen!) wäre alles ganz anders gekommen. Besser, versteht sich.

Alles ganz normal

Nun gehört zum Grundwissen des aufgeklärten und spirituell irgendwie halbgebildeten Menschen die Kenntnis, dass das chinesische Zeichen für »Krise« gleichzeitig auch »Chance« bedeutet. Muss nicht jede Hauptfigur eines Entwicklungsromans, jeder Held eines Hollywoodfilmes schwierige Phasen überwinden, um als reifer Mensch gelten zu dürfen?

Nach Überzeugung des Schweizer Tiefenpsychologen C. G. Jung wird jeder Einzelne nicht nur einmal, sondern drei- oder viermal in seiner Biografie dazu aufgefordert, sich in einem neuen Lebensstadium als Mensch neu zu definieren. Kindheit, Pubertät, Elternschaft, Alter: Jede Etappe rüttelt einen durch und verlangt Wachstum und Entwicklung. Unsere Probleme, Zweifel, Überlegungen – alles Danaergeschenke der Kultur. Die großen Lebensprobleme, meint C. G. Jung, seien eben niemals auf immer gelöst. Uns an ihnen abzuarbeiten, mit zweifelhaftem Erfolg übrigens, sei ihr einziger Sinn und Zweck: »Das allein bewahrt uns vor Verdummung und Versteinerung.«

Das Leben ist eben nicht gemütlich, sondern vor allem: interessant. Eigentlich toll, dass alles permanent in Bewegung ist. Und logisch, dass mit doppelter Bewegung rechnen muss, wer sich entscheidet, seine eigene wilde kleine Existenz mit der eines anderen zu verbinden, der sich selber damit plagt, ein Mensch zu werden.

Betrachten wir Ehekrisen also nicht als Grund, alles gleich hinzuschmeißen, sondern als: normal.

Erinnern wir uns des Autors Erich Fromm, der die »Kunst des Liebens« nicht als entfesselte Himmelsmacht, sondern im Wesentlichen als Akt des Willens betrachtet und als unseren Entschluss, unser Leben mit einem anderen zu verbringen – in den wir wahrscheinlich mal rasend verliebt waren.

Und wenn wir dann in einem kafkaesken Liebesvehikel am Steuer sitzen, unsere Fahrgäste auf der Rückbank zetern, die Straße voller Schlaglöcher ist und womöglich Passanten ohne Vorwarnung den Weg kreuzen, während der Beifahrer wie immer alles besser weiß? Dann setzen wir den Wagen nicht etwa an die Wand. Wir halten erst mal an, steigen aus, rauchen vielleicht sogar eine, blinzeln in den blauen Himmel und sagen: »Bitte schön, fahr du doch.«

Wie viel Streit verträgt die Liebe?

Gott, was haben wir früher gestritten. Über Ferienziele, Kleidungsstil, Umgangsformen, Schwiegereltern. Über ein falsches Geburtstagsgeschenk, seine ausufernden nächtlichen Streifzüge »mit den Jungs« und die Frage, ob es draußen regnet oder nur nieselt. Darüber, wer die Waschmaschine anwirft, und sogar darüber, wer den leeren Wasserkasten zum Getränkeladen bringt – Sie erinnern sich vielleicht an diese Beichte aus einem früheren Kapitel. Zu Studentenzeiten galt eine unserer Beziehungen als derart unberechenbar, dass Freunde bei Einladungen stets ein Reservepaar ausguckten: Zu ungewiss war, ob wir gerade zerstritten waren oder erscheinen würden.

Reue und Schaudern erfassen uns bei diesen Erinnerungen; wir sind heilfroh, dass sie verblassen.

Alte Paare mögen ihre konfliktreichen Anfänge liebevoll jene Zeit nennen, in der sie sich erst »zusammenraufen« mussten. Manche Drama-Queens und -Kings, die sich hundertmal verkracht und wieder versöhnt haben, betrachten ihr Auf und Ab als Elixier für Dauerleidenschaft – nichts schmeckt ihnen süßer als Versöhnungssex.

Die Menschen sind allerdings verschieden, und was dem einen ein Aphrodisiakum, brächte den anderen in die Klapse. Prüfen Sie Ihr Harmoniebedürfnis und Ihr Nervenkostüm daher sorgsam, bevor Sie sich in eine streitbare Ehe begeben. Wenn Diskussionen über Banalitäten regelmäßig in Charakterschmähungen münden, passen Sie vielleicht nicht recht zusammen.

Außer natürlich, Sie gehören beide zu jenen Rossnaturen, die sich nach einem Sturm nur zu schütteln brauchen, um Wut, Kränkungen und Gram abzuwerfen und fröhlich weiterzugaloppieren. Wie die wüsten Eheleute, die Elizabeth Taylor und Richard Burton in »Wer hat Angst vor Virginia Woolf?« verkörpern, zum Beispiel. Auch in unserem Bekanntenkreis findet sich so ein Paar, dessen Kriege um Urlaub, Kinder und

Geld lange Zeit so kräftezehrend wie kostspielig waren: Er riss sich vor Zorn Van-Laack-Hemden vom Leibe, dass die Knöpfe flogen, sie warf teures Porzellan. Dafür berichteten beide noch nach 20 Jahren Ehe mit glasigen Augen von erotischen Wundern.

Die meisten jedoch suchen in ihrer Beziehung ein Mindestmaß an Frieden. Die neueste Paarforschung gibt dabei denjenigen die beste Chance, die einen ähnlich denkenden Partner gewählt haben. Wer die gleichen Wertvorstellungen teilt, sich über dieselben Politiker echauffiert oder offenen Zahnpastatuben gleich wenig Bedeutung zumisst, lebt erwiesenermaßen harmonischer. Die Formel »Gleich und gleich gesellt sich gern« mag zwar furchtbar fade klingen, die gute Nachricht aber lautet: Einschläfernd wesensgleich muss man dafür mitnichten sein; entscheidend ist, ob Paare sich und ihre Beziehung ähnlich erleben und wertschätzen.

Aus diesem Grund werden immer wieder Menschen miteinander glücklich, die Elvis Costello als »Such Unlikely Lovers« besingt: Unwahrscheinliche Kombinationen wie, sagen wir, ein bohèmehafter Freigeist und eine nervöse Konservative, die vielleicht nicht darin übereinstimmen, ob ein »Konkret«-Abonnement oder Sockenzwang für Gäste Sinn machen, wohl aber darin, den anderen niemals unverzeihlich kränken zu wollen, sobald diese Themen aufkommen.

Trügerische Harmonie

Konflikte sind unvermeidbar, selbst bei kompatiblen Partnern. Um mit einem trockenen Briten, dem Politiker Alan Patrick Herbert, zu sprechen: »Die Vorstellung von einem Ehepaar, das fünfundzwanzig Jahre ohne ein böses Wort zusammengelebt hat, verrät ein Maß an Geist und Temperament, das man sonst nur an Schafen bewundert.«

Wer an die Idee der perfekten Harmonie-Ehe glaubt, ist leider unrealistisch. »Sich einen dauerhaften Partner aussuchen heißt, sich ein paar dauerhafte Probleme auszusuchen«, schreibt auch der Paartherapeut Arnold Retzer in seinem »Lob der Vernunftehe«. Konfliktfreie Harmonie ist, wenn überhaupt, nur möglich zwischen Menschen, die einander nicht zu nahestehen. Von seinem Ehepartner will man das nicht behaupten müssen.

Logisch also, dass man mit dem zankt, zu dem die größte emotionale und räumliche Nähe besteht. Man ärgert sich einfach manchmal übereinander. Geht sich auf die Nerven. Ganz normal, sagen Psychologen und warnen vor permanenter Konfliktvermeidung. Die sei gefährlich, weil sie nur unter totaler Selbstverleugnung funktioniere, welche irgendwann aggressiv oder depressiv mache. Ein gewisses Maß an ehelicher Auseinandersetzung muss offenbar sein, um Lebensvorstellungen miteinander abzustimmen, Entscheidungen zu treffen und vor allem: Ärger abzubauen.

Zivilisiert Dampf abzulassen scheint überhaupt der einzige Effekt von Streit zu sein. Ansonsten ist er, fast trauen wir uns nicht, es hinzuschreiben, völlig sinnlos. Total vergebene Liebesmüh. Probleme und Konflikte löst er jedenfalls fast nie, wie Beziehungsforscher behaupten, ebenso wenig wie die »Du, das müssen wir ausdiskutieren«-Masche, eine Methode, die vor allem bei Männern Krätze verursacht. Zur Ehe gehört der

Verzicht darauf, manche Probleme lösen zu wollen, folgert Arnold Retzer heiter, wichtiger sei, »sich zu ertragen und mit Restriktionen zu leben«.

Das richtige Maß = 1 : 5

Wie viel Streit die Ehe erträgt, hängt also davon ab, auf welche Weise Paare in Auseinandersetzungen an ihren unvermeidlichen Problemen scheitern. Rufen die Streitenden die »vier apokalyptischen Reiter« zu Hilfe, die der amerikanische Beziehungsguru John Gottman ermittelt hat, ist die Beziehungskrise, vermutlich schon das Ende in Sicht: Charakterkritik am anderen, unkritische Rechtfertigung, Verachtung des Partners und emotionaler Rückzug sind die vier Vorboten jeder Trennung.

Gottlob hat Gottman, ehemaliger Mathematiker, für das »richtige Streiten« eine Zauberformel errechnet. »1 : 5« lautet sie: Zufriedene Paare gleichen eine Boshaftigkeit also mit mindestens fünf freundlichen Gesten und Belobigungen wieder aus. Die Eskalation mit liebevollem Humor zu durchbrechen, so das Resultat seiner Beobachtungen von Hunderten von Paaren, die wissenschaftlich verdrahtet in seinem Liebeslaboratorium vor sich hin zankten, kann auch nicht schaden. Ab und zu mal den Mund zu halten und sich seinen Teil zu denken wahrscheinlich auch nicht.

Paartherapeut Arnold Retzer empfiehlt übrigens, das übliche Verhalten durch neue Kampfrituale zu durchbrechen: indem man etwa Fotos der Schwiegermutter in Reichweite legt, um diese auch bildlich ins Spiel zu bringen, wenn der Ablauf ein »Lass bitte meine Mutter da raus!« erfordert. Oder sich darüber zu verständigen, nur in angemessener Garderobe zu streiten, was ein Umkleiden erforderlich macht. Oder sich beim Anzeichen jeder neuen Eskalationsstufe in ein anderes Zimmer zu begeben, das Bad etwa, den Hobbykeller oder das Schlafzimmer.

Sie verstehen schon, worauf er hinauswill. Und ehrlich gesagt, die Sache mit dem Humor gehört nun wirklich zur Minimalausrüstung. Oder wussten Sie etwa, dass Streiten keine Probleme löst?!

Katalog der Konflikte – die zehn häufigsten Streitthemen

Hüten Sie sich vor Donnerstagen. Gegen 20 Uhr – so warnen britische Forscher – sei das Risiko besonders groß, sich mit dem Partner in die Haare zu kriegen. Wie zu erwarten, sind es selten die großen Fragen des Lebens (»Wie hältst du es mit der FDP?«) und der Liebe (»Bist du eigentlich treu?«), die den Streit auslösen, sondern scheinbar banale Alltagsbeobachtungen (»Du nimmst schon wieder von meinem Teller!«).

Beim Studieren diverser Umfragen ergibt sich folgende ungefähre Hitliste der Konflikte:

1. Aufgabenverteilung im Haushalt
2. zu wenig gemeinsame Zeit
3. abnehmende Bereitschaft des Partners zuzuhören

4. finanzielle Dinge
5. Freizeitgestaltung/Hobbys
6. Verwandtschaft
7. Kindererziehung
8. Fahrstil des Partners
9. Sex/Liebesleben
10. TV-Programm

Prominente Ehehöllen

Es ist unschön, aber unbestreitbar, dass Abwärtsvergleiche die Stimmung heben. Nein, berühmten und glamourösen Paaren ergeht es keinen Deut anders als vielen anderen, die sich nach der Hochzeit um ihr Happy End betrogen sehen. Aus pädagogischen Gründen ist die Betrachtung anderer Leut' Elend selbstverständlich erlaubt.

Xanthippe und Sokrates

Die Gattin des griechischen Philosophen, der vier Jahrhunderte vor Christus wegen angeblich schädlichen Einflusses auf die Jugend zum Tode verurteilt wurde, gilt als Inbegriff des zänkischen Weibes. Ihr kluger Mann soll sinngemäß gesagt haben, er habe sich diese unerträgliche Frau zugelegt, da ja der Umgang mit Menschen sein Forschungsobjekt sei: Ein guter Reiter übe schließlich nicht mit sanften Gäulen, sondern mit wilden! Wie bedeutend Sokrates war, ersieht man schon daraus, dass sämtliche Denker vor seiner Zeit nur »Vorsokratiker« genannt werden. Selbst Frauenhasser Nietzsche kam nicht umhin, das Verdienst der bösen Xanthippe zu erwähnen: Indem sie Sokrates »Haus und Heim unhäuslich und unheimlich« gemacht habe, habe sie ihn auf die Gassen getrieben. Zum Denken.

Tilly und Frank Wedekind

Sein wilhelminisches Publikum provozierte der Dramatiker (1864–1918) mit sexuell freizügigen Theaterstücken (»Frühlings Erwachen«, »Lulu«), daheim jedoch quälte er seine Frau mit rasender Eifersucht. Die Ambivalenz aus sexueller Obsession, verklemmter Zwanghaftigkeit, Größenwahn und Paranoia führte

Frank Wedekind schnurstracks ins Dasein eines Scheusals. Seiner Ehe mit der Schauspielerin Tilly bekam das schlecht.

Seiner 22 Jahre jüngeren Gattin neidete Wedekind ihre Jugend und erotische Energie, misstraute ihrer Liebe zutiefst und rächte sich für eingebildete Schmach mit Psychoterror und der Perfidie, das Ehedesaster auch noch auf die Bühne zu bringen. Die manisch-depressive Tilly verbrachte zwölf Ehejahre mit Beschwörungen: »Mein Lebenszweck ist ja wohl, mein Leben lang darüber nachzudenken, was dich verstimmt hat.« Er über die Ehe: »Außer unserer Geburt und dem Tod das Unerbittlichste, dem wir Menschenkinder verfallen sind.«

Tilly verübte zwei Selbstmordversuche. Mit dem ersten erzwang sie die Heirat, mit dem zweiten die Rücknahme der Scheidung. Nach Wedekinds Tod unterhielt sie spektakuläre Affären, unter anderem mit dem Lyriker Gottfried Benn, und tanzte noch als Greisin im Münchener Fasching.

Lektion dieser Ehe: »Kunst ist schön, macht aber viel Arbeit.« (Karl Valentin)

Elizabeth Taylor und Richard Burton

Auch hier: Kunst und Streit. Gleich zweimal versuchten die Hollywoodstars es miteinander: Er war ihr Ehemann Nr. 5 und 6, sie seine Gattin Nr. 2 und 3.

Der Blitzschlag der Liebe ereilte beide im Jahr 1962 während der Dreharbeiten zu »Cleopatra« in Italien. Ein Skandal: Beide waren noch verheiratet, was den Vatikan zur Rüge zwang. »Wir haben uns seit dem ersten Moment in Rom wahnsinnig und gewaltig geliebt«, bekannte Taylor 48 Jahre später. Da waren die explosiven Auseinandersetzungen, getränkt mit Begehren, beruflicher Rivalität und hochprozentigen Getränken, längst verraucht.

Dieses Paar schätzte alles ein paar Nummern größer: die Seligkeit, die Präsente, die Kräche und die Drinks. Burton beschenkte Taylor mit einem Privatjet und den teuersten Juwelen der Welt, unter anderem mit einem 69-Karat-Diamantring. Er nannte sie lästernd »Miss Titten«, sie höhnte, er habe beim »Cleopatra«-Dreh ausgesehen wie ein »besoffener Wermutbruder auf einer Studentenbühne«.

Zu Taylors großer Freude geriet Burton »mit wahrem Genuss in Rage. Es ist herrlich anzuschauen. Unsere Kämpfe sind erfrischende Schreiwettbewerbe«. Sie tranken, stritten und drehten miteinander den oscarprämierten Film »Wer hat Angst vor Virginia Woolf?«, in dem sie ein trinkendes, streitendes Ehepaar verkörperten, in den Augen der faszinierten Weltöffentlichkeit also: sich selbst.

Beide hegten füreinander grimmige Leidenschaft. Und doch liebten sie einander aufs Zärtlichste, der scharfzüngige Waliser und sein verführerisches Weib.

»Die teuflischste, schweinischste, mörderischste und unverrückbare Tatsache ist, dass wir uns total missverstehen«, schrieb Burton in einem seiner Liebesbriefe, »doch wie auch immer: Ich liebe Dich und werde Dich immer lieben.«

Schade, dass es dennoch nicht funktionierte. Zu viel Maßlosigkeit vielleicht?

Prinzessin Diana und Prinz Charles

In Indien, heißt es, nimmt die Zuneigung der Partner in arrangierten Ehen derart zu, dass sie nach fünf Jahren die Liebe in romantischen Ehen überholt. Eine sichere Bank sind arrangierte Ehen allerdings nicht, vor allem nicht, wenn einer von beiden an eine Liebesheirat glaubt.

Diesem Irrtum hing Diana Spencer an, als sie 1981 den britischen Thronfolger Charles heiratete, der schon im Vorfeld nicht lügen wollte, ob er die Braut denn liebe: »Was immer Liebe bedeutet …« Seine rustikale Geliebte Camilla Parker Bowles war leider vergeben. Den Hochzeitstag nannte Diana später den »schrecklichsten Tag« ihres Lebens.

Ein absehbares Desaster? Wäre alles nach Plan verlaufen, hätte die als unbedarft geltende Diana sich mit Krone, Kindern und Kastell begnügt. Stattdessen beharrte das labile Scheidungskind auf einer heilen Familie. Charles, durch kühle Königseltern selber angeknackst, brauchte ebenfalls einen fürsorglichen Partner – jemanden wie Camilla.

Merke: Zwei traurige Seelen halte man fern voneinander.

Das Arrangement scheiterte krachend. Er interessierte sich für Architektur, sie sich fürs Shoppen. Er sprach mit den Pflanzen, sie mit Elton John. Charles traf sich wieder mit Camilla, Diana versank in Essstörungen und warf sich Treppen hinunter.

1995 gab Diana der BBC ein trotziges Interview, in dem sie die Welt wissen ließ, dass ihre Ehe zu dritt »etwas überfüllt« gewesen sei, Charles gemein und als künftiger König eine Fehlbesetzung. Die Sache endete als Rutschpartie des Ansehensverlusts: In Erinnerung bleiben ein Thronfolger, der Camillas Tampon sein wollte, und eine rachsüchtige Neurotikerin, die sich mit Reitlehrern tröstete.

Diana starb 1997 bei einem Autounfall in Paris. Charles heiratete Camilla im Jahr 2005. Nur Zyniker würden behaupten, es habe, auf verwirrende Weise, doch noch ein Happy End gegeben.

Verona Feldbusch und Dieter Bohlen

Dauerkarneval im Sommer 1996, und nur einer war der Narr: Im Mai heiraten das unbekannte Starlet Verona Feldbusch und Deutschlands erfolgreicher Komponist in Las Vegas. Nach 30 Tagen: Blitztrennung. Wenig später: Versöhnung auf Bali. Wenig später: blaues Auge bei Verona.

Die »Bild-Zeitung« schrieb: »Sie schlief bis mittags und wollte nicht kochen.« Richtig so! Für vier Wochen Ehe bekam Frau Feldbusch 500 000 Deutsche Mark und so viel Publicity, dass sie noch heute zum »Bambi« eingeladen wird. Von wegen doof!

Die Kunst des Streitens: Falsch

Für heftige Auseinandersetzungen gibt es klassische Verhaltensmuster. Kräche arten garantiert fürchterlich aus, sobald geschrien, geworfen und gesoffen wird (Liz und Richard). Pauschalverurteilungen führen häufig zu Kontrollverlusten des Angegriffenen. Handgreiflichkeiten und Mordgelüste liegen dann nicht fern.

10-Punkte-Programm für Eskalationswillige

1. Für die Eröffnungsattacke vertrauen wir formelhaften Vorwürfen wie »Kannst du nicht *ein einziges Mal* …«, »Musst du eigentlich *immer* …«.

2. Wir nutzen vier verlässliche Brandbeschleuniger: Schuldzuweisungen (»Das ist doch *deine* Schuld«), maßlose Übertreibungen (»So peinlich ist nicht mal Dieter Bohlen«), unfaire Verallgemeinerungen (»Du hast noch *nie* freiwillig etwas für mich getan«) sowie beleidigende Äußerungen (»Frigide Tofu-Tussi«).

3. Angriffe wehren wir mit Bazooka-Sätzen ab wie »Alle finden dein Verhalten mies« oder »Dich erträgt doch niemand auf Dauer«.

4. Wir reiten auf dem wunden Punkt des anderen herum: »Du Dickmops willst mir was von Disziplin erzählen?«, oder »Du bist genauso geizig wie deine Mutter«.

5. Wird die Munition knapp, machen wir das ganz große Fass auf (»Wer wollte denn unbedingt heiraten?«).

6. Wir streiten lautstark vor den Kindern, den Nachbarn, den Schwiegereltern.

7. Wir geben kein Jota nach.

8. Wir werfen mit ihrer Lieblingsvase beziehungsweise seinem iPhone.

9. Wir verweigern dem anderen, zu Ende zu streiten, machen die Schotten dicht und verlassen das Krisengebiet.

10. Selbstverständlich knallen wir dabei die Türen.

Die Kunst des Streitens: Richtig

Gelegentlicher Ärger ist unumgänglich. Die Herausforderung besteht darin, Dampf abzulassen und zugleich minimale Verhaltensänderungen anzustoßen, ohne allzu viel Porzellan zu zerschlagen. Nach Möglichkeit beherzigen wir die Regeln des berühmten Konfliktforschers Marshall Rosenberg, der das Konzept für »Gewaltfreie Kommunikation« entwickelt hat. Psychologen arbeiten damit immerhin in Krisengebieten in aller Welt, um verfeindete Volksgruppen zu versöhnen …

10-Punkte-Programm für zivilisiertes Zanken

1. Ich-Botschaften senden! Wir beschreiben neutral, was uns stört: »Wenn ich auf unserem Küchentisch die Teller von gestern sehe, an denen die Essensreste haften wie mit Pattex festgeklebt …«; okay, lassen Sie das Pattex weg.

2. Wir formulieren unser Gefühl dabei: »… dann graust es mir, und ich bin genervt …«,

3. benennen ein Bedürfnis: »… weil ich Sauberkeit brauche, um nicht nervös zu werden …«

4. und äußern einen konkreten Wunsch: »… deshalb bitte ich dich: Räum den Tisch ab und stell das Geschirr in die Spülmaschine.«

5. So weit der Idealfall. Falls wir sachliche Ich-Botschaften nicht so diszipliniert über die Lippen bringen, darf uns auch mal ein Fluch herausrutschen oder

ein Vorwurf (»Verdammt noch mal, du hast uns wieder ausgesperrt«).

6. Aber: Von einer Verfehlung (»RTL-Dschungelcamp«-Begeisterung) schließen wir nicht auf allgemeine Schwächen (Dummheit).

7. Urteile Dritter lassen wir aus dem Spiel.

8. Der rhetorisch überlegene Partner verkneift sich sarkastische Sottisen.

9. Wir bleiben beim Anlass des Streits und machen uns nicht grundsätzlich fertig. Nicht: »Merk dir, Herr Wichtig, zu Hause bist du nur eine ganz kleine Nummer!« Sondern: »Es ärgert mich, wenn ich alles alleine im Haushalt mache.«

10. Wir stehen zu unserem Anteil am Konflikt. (»Ich bin so kleinlich, weil ich im Moment so schrecklich viel um die Ohren habe.«)

The Dining Dead – Wir haben uns auseinandergelebt

Manche Fragen sind so weitreichend, dass man sie nur in größter Not stellt. Etwa die, welche Jim Carrey im schrägen Liebesfilm »Vergiss mein nicht!« an seine Freundin (Kate Winslet) richtet, als die beiden schon nicht mehr so glücklich sind: Sind wir wie die Paare, die wir in Restaurants beobachten? »Are we the dining dead?«

Alte Paare, die steinern an einem Tisch im Lokal sitzen und stumm aufs Essen warten, sind ein erschreckender Anblick und ein Beleg für die Max-Frisch-Behauptung: Die Ehe ist kein »Mittel wider die Einsamkeit«.

»Wir haben uns auseinandergelebt« gilt laut einer Umfrage von »Elite Partner« als Trennungsgrund

Nummer eins. Schlimm, wenn man sich mit dem anderen partout nichts zu erzählen hat. Wenn man seine Witze, Kaugeräusche, Hobbys und weltanschaulichen Betrachtungen, ach, sagen wir's ruhig: seine schiere Anwesenheit nicht mehr erträgt. Zu weniger liberalen Zeiten musste man dann weiter miteinander hausen wie Zombies. Heute ist an diesem Punkt meist Sense.

Jüngst fielen wir aus allen Wolken, als wir in zufälligen Einzelgesprächen mit einem Freundespaar erfuhren, dass die beiden sich nach 18 Jahren wahnsinnig auf den Wecker gingen. Dabei war es immer so nett bei ihnen. Fröhliche Einladungen am Wochenende, in den Ferien großes Hallo in spanischen Mietvillen; Gäste stets willkommen. »Reine Vermeidungsstrategie!«, rief er. »Ich halte ihn alleine nicht aus!«, rief sie. Stimmt: Miteinander geredet hatten die beiden nie. Ihr Zombietum hatten sie gut getarnt.

Das Gefühl, sich auseinandergelebt zu haben, ist leicht zu diagnostizieren: Meist geht es einher mit einem Mix aus Aggression, Langeweile und Resignation. In manch langjähriger Ehe soll dies der häufigste Aggregatzustand sein; ganz zu vermeiden ist er leider nicht. Einfach kindisch anzunehmen, man wollte einander auf Dauer allabendlich wie entfesselt die neuen klugen Gedanken mitteilen, die dieser Tag gebracht habe.

Aber ganz ehrlich: Wer hat darauf überhaupt Lust? Solange man sich grundsätzlich gewogen ist, hat es doch etwas sehr Entspanntes, stillvergnügt miteinander zu schweigen. Herrlich, wenn permanentes Dauergequassel nicht mehr als Beweis inniger Zweisamkeit herhalten muss. Und man ungestraft eigenen Gedanken nachhängen darf, ohne vom Partner verhört zu werden: »Was denkst du gerade?«

Wenn Paare erklären, woran ihre Ehen gescheitert sind, hört man meistens: Wir haben uns auseinandergelebt. Ach, hätten sie es doch getan!, seufzte der Münchener Psychoanalytiker Wolfgang Schmidbauer einmal in der »Zeit«: Der naive Märchenglaube an Symbiose, totalen Gleichklang und absolute Nähe sei der Anfang vom Ende. Wer vom anderen diktatorisch Anpassung fordere, verlange quasi das Opfer der Persönlichkeit im Namen der Liebe.

Übrigens: Man kann sich auch wieder zusammenleben. Unser überdrüssiges Paar las keine Ratgeber, trennte sich nicht und hielt es einfach mal aus, sich phasenweise nicht so spannend zu finden. Als hätten sie Herrn Schmidbauer studiert, gönnten sich beide Distanz und ließen sich ein Weilchen in Ruhe. Wirkte Wunder.

Sieben todsichere Ehesünden

Eine Ehe zu sabotieren ist ein Kinderspiel. Eine Auswahl klassischer Beziehungskiller*:

1. Nörgeln

Eine von Frauen bevorzugte Methode. Dauergemecker schürt allerdings Aggressionen und zermürbt selbst Gutmütige. Manche nehmen

* Inspiriert von »Die 7 Geheimnisse der glücklichen Ehe«, John Gottman.

dann Reißaus, durchaus auch in heitere Affären. (Tipp für alle, die nach einer geeigneten Strategie suchen, unliebsames Verhalten des Partners abzustellen: Unerwünschtes Benehmen einfach mal ignorieren, gutes Verhalten durch Lob positiv verstärken.)

2. Schlechtes Timing

Wo alles und jedes unverzüglich kritisiert und ausdiskutiert werden muss, hängt der Haussegen bald schief. Hundetrainer wissen, dass es zwecklos ist, mit einem Tier zu arbeiten, das einen miesen Tag hat. Die Kreatur bockt.

3. Übertriebene Eifersucht

Ein bisschen Eifersucht, sagt ein Sprichwort, ist das Salz in der Suppe. Bekanntlich kann man Suppen schnell versalzen. Eifersucht soll ein Kompliment sein, kein Gefängnis.

4. Umerziehung

Was am Anfang rührt und bezaubert, wird nach und nach Ziel eines gnadenlosen Renovierungsprozesses: seine bunten Motto-T-Shirts, sein Faible für die Formel 1, seine Kumpel – alles unsäglich peinlich. Ihr Traum von der Safari in Botswana: ein teures Hirngespinst! Wer die Leidenschaften und Eigenarten des anderen nicht akzeptiert – und seien sie noch so verschieden von den eigenen Vorstellungen –, beweist weder Respekt noch wahre Liebe.

5. Selbstgerechtigkeit

Natürlich ist der andere das Problem! Er ist und bleibt eben ein Loser! Wer so denkt und seinen eigenen Anteil an Konflikten beharrlich leugnet, ist ein hoffnungsloser Fall.

6. Verachtung

Wir kennen ein Paar, da arrangiert er die Stühle so um den Tisch herum, dass sie keinen Platz findet, sobald die Gäste da sind. Bemerkenswerte Nichtachtung bewies auch unsere Freundin Julia, Jahre vor ihrer Scheidung. Kam ihr Gatte nach Hause, blieb sie ungerührt dort, wo sie lag, stand oder saß. Sie erwiderte kaum seinen Gruß. Wer seinen Partner unhöflich behandelt, wertet ihn ab. Geringschätzige Gesten oder Äußerungen bringen eine fatale Abwärtsspirale in Gang: Je kleiner wir unser Gegenüber machen (dürfen), desto größer wird unsere Verachtung.

7. Mauern

Nicht antworten, sich zurückziehen, alles abblocken – dieses Verhalten ist typisch für Männer und wird von Frauen als äußerst verletzend empfunden. Wer dauerhaft schweigt, will sagen: Für uns tue ich nichts mehr.

In der Paartherapie

Der Besuch beim Beziehungsprofi hat nichts Ehrenrühriges. Einer amerikanischen Studie zufolge bleiben übrigens angeblich 70 Prozent der Paare nach einer Therapie zusammen. Vorerst zumindest. Es hat eben Vorteile, seine seelischen Befindlichkeiten beim Experten auszubreiten: Man schlägt sich seine Offenbarungen wenigstens nicht ohne Aufsicht um die Ohren.

Manche, die den Gang zum Paartherapeuten suchen, denken bereits an betreute Trennung. Andere wollen einander wieder näherkommen.

Einblicke in die Praxis

Wann ist es Zeit, professionelle Hilfe in Anspruch zu nehmen? Und was passiert eigentlich bei der Paartherapie? Welche Denkanstöße gibt ein Eheberater? Und wie lange dauert so etwas?

Hilfe, meine Frau ist unsichtbar!

Meist ergreift die Frau die Initiative zur Therapie: Sie fühlt sich von ihrem Mann nicht mehr wahrgenommen und hat ihr Gefühl dafür verloren, ob sie bei ihm bleiben soll. Männer sind von der Idee einer Therapie selten begeistert. Sie erwarten »Psychogequatsche« und befürchten, ihnen solle der schwarze Peter nun offiziell zugeschoben werden. Therapeuten wissen: Männer werden fast immer erst aktiv, wenn die Gattin schon einen Liebhaber hat.

S-O-S(ex)!

Die Spitzenplätze auf der Hitliste der Beschwerden belegen Überforderung, Streit, Lustlosigkeit. Die klassischen Kunden von Paartherapeuten sind gestresste

Eltern, die über einen Mangel an Erotik verzweifeln. Kleine Kinder, wenig Geld, keine Großeltern in Sicht, die den Nachwuchs mal übernehmen können – da fährt die Sexualität ganz schnell runter, hört man aus der Praxis. Erschöpfung, Gefühlschaos sowie uralte, kontraproduktive Verhaltensmuster ergeben einen Cocktail, der nur eines stimuliert: Frustration. Irgendwann äußert sich die Malaise beim Sex. Bessern sich die Rahmenbedingungen, klappt es auch im Bett wieder.

Sprich! Mit! Mir!

Anfangs zieht man in der Therapie traditionell übereinander her. Schritt zwei: Kommunikationstraining. Die beiden sollen sich schließlich im wahrsten Sinne des Wortes wieder verstehen. In der Not, selber nicht mehr gehört zu werden, verlernen Eheleute leider oft das Zuhören. Um die blöde Wechselwirkung wissend, versuchen Therapeuten, gestörte Kommunikationsmuster aufzubrechen. In Übungen zum »strukturierten Zuhören« etwa muss ein Partner wiederholen, was der andere gesagt hat – ohne es interpretieren zu dürfen. Womöglich hört er so zum allerersten Mal, worum der andere seit Jahren bittet.

Reif für die Zeitinsel

Paare in der Therapie erhalten »Hausaufgaben«. Manche Therapeuten lassen ihre Klienten Bilder malen, Skulpturen kneten oder Ausflüge planen. Eine von uns befragte Expertin verdonnert ihre Paare dazu, einen Abend pro Woche zusammen zu verbringen. Ohne Fernseher, ohne Freunde, ohne Termine, ohne Mail-Kontrolle am Smartphone. Fehlten solche Zeitinseln, so behauptet die Psychologin, könne Partnerschaft nicht funktionieren. Von ihren ersten Dates sind die Klienten dann oft enttäuscht: Dinner im teuren Restaurant, und doch wieder nur über die Kinder gesprochen! Häufig stellen Paare nicht die richtigen Fragen, die wirkliches Interesse daran bekunden, wie es dem anderen ergeht, wo er gedanklich steht, was ihn umtreibt.

Ein ambitioniertes Kulturprogramm am Abend zu zweit ist übrigens kein Garant dafür, dass sich Ex-Liebende aufs Neue füreinander begeistern. Tantra-Kurs statt Theaterabo? Die Paartherapeuten sind sich einig: »Öde funktioniert jedenfalls nicht.«

Therapie erfolgreich – Beziehung tot

Wenn Paare einander wieder zuhören und echte Gespräche führen, erfolgt womöglich die eigentliche Ernüchterung: Frau und Mann müssen sich der Enttäuschung bewusst werden, dass der andere nicht so ist, wie man ihn gerne hätte. Nicht bekommen zu haben, was man sich einst erhoffte, ist oft der eigentliche Grund für Dauerstreit. Ein Mensch könne sich aber nie für einen anderen ändern, sagen die Fachleute. In der Therapie schlägt die Stunde der Wahrheit. Sollte einer von beiden die Persönlichkeit des Partners nicht akzeptieren können, bleibt nur die geordnete Insolvenz. Eine Trennung bedeutet nicht das Scheitern einer Therapie! Immerhin weiß das Paar, woran es ist. Sich auch bei Scheidung vom Therapeuten oder Mediator begleiten zu lassen, kann ratsam sein. Oberstes Ziel: die Kinder nicht mehr als nötig zu belasten.

Kosten, Dauer, Auswahl

Gesetzliche und private Kassen übernehmen die Kosten nicht automatisch. Ausnahmen sind möglich, wenn bei einem der beiden Partner behandlungsbedürftige Symptome diagnostiziert werden.

Die Stundenhonorare liegen je nach Therapeut zwischen 80 und 150 Euro. Mit zehn bis 15 Sitzungen ist zu rechnen. Staatliche und kirchliche Angebote sind preiswerter. Eine Stunde kostet zwischen 20 und 50 Euro, manchmal sind sie kostenlos, allerdings ist eine Spende üblich.

Die Berufsbezeichnung »Paartherapeut« ist nicht geschützt. Eine fundierte Ausbildung garantieren die Bezeichnung »Psychologischer Psychotherapeut« oder ein Facharzttitel.

Adressen – wer auf der Suche nach einem Paartherapeuten ist, wird hier fündig

- Servicedienst der Kassenärztlichen Bundesvereinigung:
  www.kvb.de
- Informationsdienst des Berufsverbandes Deutscher Psychologinnen und Psychologen:
  www.psychotherapiesuche.de
- Therapeutensuche der Deutschen Psychotherapeuten-Vereinigung:
  www.psychotherapeutenliste.de
- Gesellschaft für Systemische Therapie und Familientherapie (DGSF):
  www.dgsf.org
- Pro familia:
  www.profamilia.de

Selbstgespräch: Fragebogen à la Max Frisch

Der Schweizer Schriftsteller Max Frisch schrieb nicht nur große Romane, sondern auch kurze Fragebögen, unter anderem über Ehe, Frauen, Freunde, Humor, Geld, Heimat und Tod, über die man jahrelang nachdenken könnte.

Jeder hat seine eigenen Fragen an die Ehe. Wir haben die folgenden formuliert. Auf die Ergebnisse machen Sie sich bitte selber einen Reim.

Eine Einladung zum Selbstgespräch

Wie war das am Anfang Ihrer Liebe: Haben Sie Ihren Partner erwählt, oder hat Ihr Partner Sie erobert?

....

....

....

....

....

Aus welchen Gründen haben Sie sich in Ihren Mann/ Ihre Frau verliebt?

....

....

....

....

....

Sind dies Eigenheiten, die Sie noch heute berühren, oder gehen sie Ihnen inzwischen auf die Nerven?

....

....

....

....

....

Wissen Sie, was Ihr Partner an Ihnen liebt und was ihm weniger gefällt?

....

....

....

....

....

....

Glauben Sie, dass in einer Ehe immer einer mehr liebt?

....

....

....

....

....

Ist Ihnen Ihr Partner durch und durch vertraut, oder finden Sie manches geheimnisvoll? Wenn ja: Macht Ihnen das Angst?

....

....

....

....

....

....

Wofür sind Sie Ihrem Partner dankbar?

Gibt es etwas, das Sie ihm nie verzeihen werden? Wenn ja, was?

Ist es zwischen Ihnen schon mal zu Gewalttätigkeiten gekommen?

....

....

....

....

....

Wenn Sie sich streiten: Versöhnen Sie sich vor dem Schlafengehen?

....

....

....

....

....

....

Haben Sie schon einmal längere Zeit nicht miteinander gesprochen?

....

....

....

....

....

....

Tut Ihnen Ihr Mann/Ihre Frau gelegentlich leid?

....

....

....

....

....

....

Was würde Ihre Ehe gefährden:

eine Affäre?
eine schwere Krankheit?
Arbeitslosigkeit?
ein Lottogewinn?

....

....

....

Wenn Sie Pläne schmieden, spielt Ihr Partner dabei eine entscheidende Rolle?

....

....

....

....

....

....

Mit wem unterhalten Sie sich am liebsten:

mit Ihrem Mann/Ihrer Frau?
mit dem Steuerberater?
mit dem besten Freund?

....

....

....

....

Wann ist Ihnen Ihr Mann/Ihre Frau peinlich?

....

....

....

....

....

....

Wenn Sie hören, dass sich ein Ehepaar aus dem Bekanntenkreis scheiden lässt, empfinden Sie eher Mitleid oder Neid?

Denken Sie, wenn Sie streiten, gelegentlich an Trennung?

Welche Freiheiten eines Singles wünschen Sie sich für Ihr Leben?

....

....

....

....

....

....

Worüber können Sie lachen?

a) »Heiraten heißt seine Rechte halbieren, seine Pflichten verdoppeln«, und außerdem »das Mögliche tun, einander zum Ekel zu werden«. (Arthur Schopenhauer)

b) Wie verliert ein Mann sein Gehirn? Er wird Witwer.

c) Zwei Golfer spielen am achten Loch, als ein Leichenzug vorbeikommt. Ein Spieler nimmt die Kappe ab und verbeugt sich. Der andere, anerkennend: »Noble Geste!« »Na ja«, antwortet der Erste, »wenn man 25 Jahre verheiratet war …«

....

....

....

....

Was würden Sie Ihrem Mann/Ihrer Frau gerne mal sagen, wenn Sie nicht befürchten müssten, ihn/sie zu kränken?

....

....

....

....

....

....

Schmelzen statt streiten: 13 Liebeslieder

Keine Lösung für immer, aber für manche Momente: Musik als Knacker verhärteter Herzen. Eine unverbindliche Auswahl von Weichmachern:

Maurice Chevalier: **»Fascination« (1958)**

Französischer Akzent, ein gedachter Strohhut und diese Schmachtmelodie sind Maurice Chevaliers Tricks, um den Liebesmythos vom Beginn der Beziehung zu beschwören: Doch, am Anfang war da Faszination!

Tim Hardin: **»If I Were a Carpenter« (1962)**

Auch Patti Smith und Robert Mapplethorpe hörten Tim Hardins zarte Balladen, als sie ihre Arme-Künstler-Liebe in New York zelebrierten.

Bob Dylan: »I Want You« (1966)

Klare Ansage mit Mundharmonika.

Elvis Presley: »Mary in the Morning« (1970)

Nichts ist so hübsch wie du am Morgen ... mit ungekämmtem Haar und glänzender Nase?! Niemand lügt so süß wie Elvis.

Linda Clifford: »You Are, You Are« (1978)

... du bist der wundervollste Mensch der Welt! Licht aus! Spot an! Disco-Klassiker mit Botschaft.

Sinead O'Connor: »Nothing Compares 2 U« (1990)

Prince schrieb den Song, sie machte ihn groß. Unvergesslich für alle, die damals verliebt waren.

Robbie Williams: »Angels« (1997)

Millionen Feuerzeuge können nicht irren.

Elvis Costello: »Such Unlikely Lovers« (1998)

Der einzig wahre Liebeslied-Papst Burt Bacharach gebietet über jubilierende Violinen, und Elvis Costello besingt staunend das Wunder ungleicher Paare.

Lyle Lovett: »If I Needed You« (1998)

Julia Roberts Ex-Mann verspricht in seinem Countrysong, für seine Liebste die Weltmeere zu durchschwimmen. Wieso noch mal funktionierte das nicht?

Moloko: »The Time Is Now« (2000)

Verweile doch, du bist so schön … Róisín Murphy hält ihn fest, den Augenblick des Liebesrausches, wenn man alles um sich herum vergisst.

***Die Toten Hosen feat. Birgit Minichmayr:* »Auflösen« (2009)**

Die sexy Stimme der Schauspielerin Minichmayr führt den Namen von Campinos Band ad absurdum.

***The Rapture:* »How Deep Is Your Love?« (2011)**

Dynamisch, drängend, draufgängerisch: Hymne der Generation Hipster

***The Walker Brothers:* »Make It Easy On Yourself« (1965)**

Müssen wir uns wirklich trennen? Dieser Song bricht einem das Herz. Komponist: Burt Bacharach, natürlich.

Ehepaar reloaded

Die zweite Chance und ihre Risiken

Eine der beiden Autorinnen dieses Buches hätte sich viel Ärger sparen können, wenn sie ihren zweiten Mann zuerst geheiratet hätte. Wir wollen hier nicht spezielle Charakteristika des ersten Gatten ins Feld führen – über die Expartner *nihil nisi bene* –, sondern vor allem das Leid einer nervenzehrenden Scheidung.

Eine Trennung ist schmerzhaft. Der Schock der Entscheidung, der Entzug, die Phasen des Versteinerns, des Wütens, des Weinens … Trennung führt die allermeisten Menschen durch die Qualen des Liebeskummers und der Trauer. Selbst dann, wenn das Auseinandergehen als richtig und unvermeidlich erkannt wird. Weil man, zum Beispiel, kein ehrliches Interesse aneinander hat. Weil einer von beiden sich in einen

Dritten verliebt hat. Weil man einander nicht guttut. Oder weil man sich nicht liebt.

Welch unglaublichen Kraftakt Trennung bedeutet, hat die serbische Performance-Künstlerin Marina Abramović in einer ihrer Arbeiten demonstriert: Im Jahr 1988 liefen sie und ihr Lebensgefährte Ulay in einem dreimonatigen Marsch von entgegengesetzten Enden der Chinesischen Mauer aufeinander zu, ganze 2500 Kilometer weit. In der Mitte trafen sie sich: zum Abschied. Mehr als ein Jahrzehnt lang hatte das Traumpaar der Kunstszene allen möglichen Formen des Paarseins eine künstlerische Form verliehen. Nun eben dem Ende seiner Liebe.

Derart radikale Ausdrucksformen passen nicht zu jedem. Eine angemessene Trennung aber schon, inklusive seelischer Nachbereitung und Trauer, ohne die eine Beziehung nicht vernünftig abgeschlossen werden kann – weder von dem, der geht, noch von dem, der verlassen wird. Gute Freunde müssen geschiedene Leute nicht unbedingt werden. Man kann sich auch in einseitigem Frieden voneinander verabschieden, den Satz von Rosa Luxemburg beherzigend: »Der Charakter einer Frau zeigt sich nicht, wenn die Liebe beginnt, sondern wenn sie endet.« Gilt auch für Männer.

Altlasten und Blessuren

Sich jemals wieder zu verheiraten hält jeder für absurd, der sich in den Nachwehen einer Trennung befindet. Pessimisten wissen, dass mindestens jede dritte Ehe in Deutschland geschieden wird. Hat nicht der amerikanische Psychologe Richard Lucas von der Michigan State University ermittelt, dass einschneidende Ereignisse wie Scheidung lebenslange Narben verursachten? Wäre nicht tollkühn, wer seinen hart erkämpften Seelenfrieden mit einer neuen Ehe aufs Spiel setzte? Und weiß man nicht, dass dem zweiten Versuch rein statistisch ein doppelt so hohes Scheidungsrisiko droht wie dem ersten?

Es gibt tatsächlich gute Gründe, eine zweite Ehe für ein riskantes Husarenstück zu halten. Liebe ist schon dann nicht ohne, wenn man sich ihr jung, frisch und unverfroren nähert. Wer aber im mittleren Alter steckt (deutsche Männer sind zum Zeitpunkt ihrer Scheidung durchschnittlich 44,7 Jahre, Frauen immerhin 41,8 Jahre alt), ist leider oft nicht älter und klüger, sondern älter und unflexibler geworden. Meist schleppt er das mit sich herum, was fiese Kontaktanzeigen »Altlasten« nennen: seelische Blessuren, finanzielle Belastungen und vor allem Kinder aus einer früheren Beziehung. Will man diesen unter Umständen einen weiteren Beziehungscrash zumuten? Sicherlich nicht.

Ganz abgesehen davon: Soll man etwa wieder in Clubs herumspringen, um jemanden kennenzulernen, oder sich in Online-Vermittlungen beschwindeln lassen? Und findet sich doch jemand, der einen berührt: Hat man wirklich Lust, von Neuem zu erzählen, was man schätzt, was einen quält, wer man ist? Kann ein zweites Mal überhaupt noch romantisch sein?

Wer sich lange genug mit derartigen Fragen jeden Rest-Schneid abgekauft hat, wird sich wahrscheinlich trotzdem irgendwann wieder verlieben. In eine Frau, die wundersamerweise die Begeisterung für Alpenüberquerungen teilt. In einen Mann, der dem kleinen Scheidungsbuben so verspielt »Asterix« nahebringt, dass einem das verzagteste Herz aufgeht. Womöglich will man sogar wieder heiraten.

Wir finden das gut.

Der Filmemacher und Schriftsteller Alexander Kluge, 80, hat einmal in einem Interview mit dem »Spiegel« geäußert, die Tatsache, dass Lebenspläne nicht unbedingt funktionierten, sollte uns nicht davon abhalten, welche zu machen. Der Mensch, konstatierte Kluge, sei »ein revolutionäres Wesen. Jeden Tag.«

Ein umwerfender Gedanke, der jeden dazu anhalten könnte, sich selbst täglich Veränderungsmöglichkeiten und gute Vorsätze zuzutrauen. Besser zu erkennen, wer zu einem passt, zum Beispiel (der erste Schritt zum Glück!). Lässigkeit zu üben angesichts menschlicher Schwächen. Pfleglich mit dem umzugehen, der einem wichtig ist. Freundlicher zu sein, dankbarer und sicherer. Man muss kein spiritueller Vegetarier sein, um danach zu streben, doch noch etwas gescheiter zu werden.

Reife und Romantik

Wir wissen auch nicht, woran es liegt, dass zweite Ehen ein höheres Scheidungsrisiko aufweisen als erste, denn eigentlich widerspricht diese Statistik jeder Vernunft. Aus Schaden wird man klug, lautet die schöne Binse, die jeden Ratgeber für Geschiedene auf fünf Worte eindampft.

Theoretisch sind Geschiedene gegenüber Eheneulingen im Vorteil: Sie wissen um die Gefährdung von Gefühlen, sie kennen ihre eigenen Bedürfnisse, meist sogar ihre eigenen Fehler sehr genau. Mit diesem Wissen kann viel anfangen, wer sich und seinem Leben revolutionäre Kraft zutraut.

Sich zu binden sei immer ein Glaubensakt, sagt die israelische Soziologin Eva Illouz, deren Buch »Warum Liebe weh tut« Furore gemacht hat. In ihren Analysen der Liebe in Zeiten der kapitalistischen Moderne hat sie ein neues Beziehungsmodell entwickelt, das sie selbst »hypermodern und viktorianisch zugleich« nennt. Zu Illouz' Geboten gehört: Leidenschaft, nicht Distanziertheit, ist cool! Bedürftigkeit gehört zur Liebesbeziehung! Und: »Es ist grundfalsch, jemanden zu lieben, der einen nicht zurückliebt. Das Herz sollte keine Fehler machen.«

Für niemanden sollte das mehr gelten als für Geschiedene und andere Liebesversehrte. Es ist mutig, sich zu binden, wenn man die Erfahrung von Verlust kennt. Wer dies tut, ist unbestreitbar ein Romantiker. Aber ein wissender. Und glauben Sie uns: Die Kombination von Reife und Romantik gehört zu den schönsten Überraschungen, die das Eheleben zu bieten hat.

Prominente Serientäter

Nach der zweiten gescheiterten Ehe könnte der ein oder andere langsam auf den Gedanken kommen, für diese Institution ungeeignet zu sein – und auf weitere Versuche dankend verzichten. Andere können es einfach nicht lassen, gemäß der Devise: »Ist der Ruf erst ruiniert, trennt sich's gänzlich ungeniert.«

Ein kleines Ranking prominenter Schnell- und Oft-Heirater:

Zwei Ehen
Selbst jährlich erneuerte Ehegelübde am Strand von Mexiko haben sich als unwirksam erwiesen: Im verflixten siebten Jahr trennte sich Heidi Klum von Ehemann Nummer zwei, dem britischen Barden Seal. Topmodel Heidi lässt keine Gelegenheit zu Inszenierungen aus, weshalb wir auf eine nächste Hochzeit wetten.

Drei Ehen
Oskar Lafontaine hat seiner ganz großen Liebe und dritten Ehefrau Püppi (Christa Müller) samt behaglicher Trutzburg im Saarland den Rücken gekehrt. Mit seiner Neuen, der radikalen und nebenbei 26 Jahre jüngeren Sahra Wagenknecht, verbindet den Ex-SPD-Chef mehr als schnöder Eros: eine politische Mission.

Vier Ehen
Ernest Hemingway, Lothar Matthäus, Helmut Dietl, Karlheinz Böhm und Gerhard Schröder haben sich viermal getraut. Letzterer ist zur Zeit immer noch mit unserer geschätzten Exkollegin Doris Köpf verheiratet.

Fünf Ehen
Ab Hochzeit Nummer fünf darf man wohl einen gewissen Größenwahn unterstellen. Wenig erstaunlich erscheint uns dies bei Hollywoodstars (Tony Curtis, Joan Collins) und internationalen Politik-Gurus (Joschka Fischer).

Sechs Ehen
Historisch interessierte Leser dürften sich über den Abzählreim freuen, mit dem englische Schüler sich das Schicksal der sechs Ehefrauen von Heinrich VIII. merken: »Divorced, Beheaded, Died, Divorced, Beheaded, Survived.«

Sieben Ehen

Der britische Komiker Stan Laurel (»Dick und Doof«) war mit vier Frauen insgesamt siebenmal verheiratet, bevor er im Alter von 74 Jahren an einem Herzinfarkt verstarb.

Acht Ehen

Der erste Exgatte Liz Taylors war der Sohn des Hotelkettengründers Hilton, der letzte war der Bauarbeiter Larry Fortensky. Merke: Auch alternde Diven müssen Kompromisse eingehen.

Neun Ehen

Zsa Zsa Gabors Ehe mit Felipe de Alba dauerte nur einen Tag – sie wurde annulliert, weil sie von Ehemann Nummer sieben noch nicht geschieden war. Zuletzt heiratete sie Adoptiv-Prinz Frédéric von Anhalt. Zsa Zsas Prinzip: »Ich habe keinen Mann so gehasst, dass ich ihm seine Diamanten zurückgegeben hätte.«

Expartner: Mord ist auch keine Lösung

Die schlechte Nachricht zuerst: Seinen Expartner kriegt nur los, wer keine gemeinsamen Kinder mit ihm hat. Während kinderlosen Scheidungspaaren der nötige Abstand für seelische Entflechtung und Neuorientierung gewährt wird, erhalten Paare mit Kindern meist permanent neues Futter für nachehelichen Disput.

Wenn biestige Mütter Scheidungsvätern kurzfristig Wochenendausflüge wegen »spontaner Übelkeit« der Kleinen verweigern oder wenn Väter eine 300-Kilometer-Besuchsfahrt zu den Kindern wegen angeblich zu hoher Benzinkosten nicht antreten können, während die Zweit-Gattin zum Geburtstag ein 729-Euro-Rad Marke »Gazelle« erhält, wächst, gelinde gesagt, der Unmut.

Folgende Rachefantasien sind nicht auszuschließen und uns persönlich gestanden worden: Der Exfrau beim nächsten Türöffnen direkt ins feindselige Gesicht zu, ähm, schreien. Dem Expartner, der schon zwei Wochen nicht beim weinenden Töchterchen angerufen hat, ein paar bezahlbare Osteuropäer mit Baseballschlägern vorbeizuschicken, mit der soliden Anweisung, auf die Kniescheiben zu zielen. Sie würden sich wundern, wie viel konkrete Kontakte Ihnen eine Ostberliner Sekretärin auf Anhieb vermitteln könnte.

Alles schlecht fürs Karma. Negative Gedanken über den Ex binden zu viel Energie, die Sie für Ihre Kinder und für die eigene vergnügliche Zukunft (mit neuer Liebe) benötigen. Bedenken Sie zweierlei: Hässliche Gedanken machen hässliche Gesichter. Und vor allem: Kinder brauchen Eltern, die sich bei der Übergabe friedlich begrüßen können.

Halten Sie sich also an die angelsächsische Devise »Fake it till you make it!« Das anfängliche Vorspielen von Gelassenheit, Zufriedenheit und Freundlichkeit wird Ihnen ganz allmählich in Fleisch und Blut übergehen, bis Sie bei jeder Begegnung mit der/dem Expartner so freundlich wirken wie beim Metzger, wenn Sie 150 Gramm Leberwurst kaufen. Wir geben zu, dass dieser Prozess zwischen einem und zehn Jahren in Anspruch nehmen kann.

Sollten Grimm, Wut und Hass wieder einmal übermächtig in Ihnen aufwallen, lesen Sie den Mittelteil dieses Kapitels. Schon Fantasien können ungemein befriedigend sein. Kleiner Rat: Bewahren Sie darüber unbedingt Stillschweigen.

Beutekinder und andere Patchwork-Freuden

13,6 Prozent aller deutschen Familienhaushalte mit Kindern unter 18 Jahren sind Stieffamilien. Wir kennen einige von ihnen. Wir gehören übrigens selbst dazu. Und wir würden blind ein Diktum des dänischen Familientherapeuten Jesper Juul unterschreiben: »Was wir über Patchwork wissen: Es ist nicht einfach. Aber es ist ja in keiner Familie einfach.«

Der Trost dieser Aussage ist gar nicht genug zu würdigen.

Patchwork fühlt sich in schlechten Zeiten so an, als lenke man einen Mehrspänner mit auseinandergaloppierenden, störrischen Gäulen über schwankendes Erdbebengebiet. Zu allem Unglück wissen die Kutscher, dass sie sich diese Höllenfahrt selber eingebrockt haben.

Auch in ruhigeren Zeiten wurstelt man an folgenden Fragen herum: Wer feiert Geburtstage, Kommunion, Weihnachten wann, wo und in welcher Konstellation? Wer hat wessen Kindern wie viel zu sagen? Klappt die elterliche Abstimmung über Umgangsregelungen, Ferienaufteilung, iPod-Pensum? Gemeinsames Sorgerecht, so viel am Rande, macht nur Freude mit einem ausgesöhnten Expartner.

Großverband mit Nebenwirkungen?

Zwei große Strömungen prägen die Wahrnehmung von Stieffamilien. In der einen gaukeln uns prominente Großverbände wie die von Boris Becker oder Til Schweiger vor, in dieser Lebensform hätte man eben mehr Menschen zum Liebhaben. Sie sei modern und lässig.

In der anderen jagt uns die Forschung Angst und Schrecken ein. Maßgebliche Scheidungsstudien belegen die Bürde, mit der Trennungskinder ins Leben starten: Sie neigten stärker zu Depressionen, Kriminalität und einem höheren eigenen Scheidungsrisiko als

Nichtscheidungskinder. Nach einer Untersuchung von 2009, bei der Daten des Deutschen Jugendinstituts ausgewertet wurden, ist ihr Trennungsrisiko ausgerechnet dann am höchsten, wenn sie in einer Stieffamilie gelebt haben.

Die Patchworkfamilie – ein schaler Aufguss mit fatalen Nebenwirkungen? Liest man das Buch »Die Patchwork-Lüge« der »FAZ«-Redakteurin Melanie Mühl, neigt man zu einem bestürzten: Ja. Auf 172 klugen Seiten erläutert Mühl, weshalb der Werteverlust der Selbstverwirklichungsgesellschaft und die Schrecken der Unverbindlichkeit aus Scheidungskindern »tickende Zeitbomben« machten und die traditionelle Kernfamilie eben doch das Wahre sei.

Danke, rufen wir nach Frankfurt, das wussten wir selber! Wir wären auch lieber in einer heilen Ursprungsfamilie verblieben! Aber nicht in einer kaputten. Es ging nicht anders.

Vielleicht weiß die Chance einer Patchworkfamilie nur zu schätzen, wer das Unglück einer gescheiterten klassischen Familie kennt. Patchwork ist von einem schönen Gedanken beseelt: dem der Wahlverwandtschaft. Es ist eine freiwillige Gemeinschaft, die nur tragfähig ist, wenn man um ihre Zerbrechlichkeit weiß. Wenn sie glückt, schenkt sie unter Umständen mehr Heilkraft und Leichtigkeit als der Kampf Alleinerziehender, deren Zähheit und Tapferkeit alle Patchwork-Kritiker erst mal aufbringen sollen. Patchwork kann den Glücksfall bedeuten, Familienleben doch gelingen zu lassen.

Um hier keine rosa Botschaften zu verkünden: Das echte Patchworkleben kennt Zerreißproben. Hier fallen Sätze wie: »Du bist nicht mein Vater und hast mir gar nichts zu sagen!«

Wir kennen eine unglückliche Stiefmutter, die wegen angeheirateter Kinder ihren Job aufgab, während der Gatte ihr leibliche Kinder versagte – er wollte keine mehr. Unsere Freundin Hannah dagegen beendete ihr Großfamilien-Experiment, nachdem die drei Söhne ihres Freundes ihren eigenen Kleinen konsequent ignoriert hatten. Und in einem besonders traurigen Fall weiß ein 12-jähriger Patchwork-Junge nur mit Renitenz auf sich aufmerksam zu machen, weil er vom neuen Familienglück inklusive Baby leider ausgeschlossen ist. Sein empathiefreier Stiefvater hat zur Strafe gleich mal einiges gestrichen.

Lob der Stiefeltern

Am Patchwork-Modell kann gnadenlos scheitern, wer Folgendes nicht weiß:

Es verlangt Paaren noch mehr Geduld und Charakterstärke ab als in einer traditionellen Familie (und das will etwas heißen). Und: Stiefeltern müssen um Kinder werben, die aus Loyalität zum abwesenden Elternteil meist nicht gewillt sind, dem/der Neuen unbesehen die Arme zu öffnen. Diese Ablehnung muss man erst mal aushalten als Stiefelternteil, der sich aus freiem Willen einen Haufen angeheirateter Probleme aufbürdet. Womöglich sind hier die Gründe zu finden, weshalb der zweiten Ehe ein höheres Scheidungsrisiko droht als der ersten.

Singen wir also ein Loblied auf die vielen engagierten Stiefeltern! Wenn die zweite Familie aus zusammengewürfelten Großen und Kleinen überhaupt funktionieren kann, dann zuallererst, weil großherzige Männer und Frauen bereit sind, der Brut ihres Auserwählten mit Liebe zu begegnen. Weil sie die Duldsamkeit aufbringen, den Bewährungstest zu bestehen, dem die meisten Kinder sie unterziehen werden (bei Stiefmüttern fällt dieser nach Erfahrung von Familienforschern leider härter aus). Und weil sie nicht zulassen, dass ihr Liebster in einen Loyalitätskonflikt gerät, in dem er sich die Frage stellen muss: der neue Partner oder mein Kind?

Nur durch die Liebesbereitschaft von Stiefeltern zu ihren angeheirateten Kindern entsteht mehr als eine freundliche Patchwork-WG: eine Familie.

Wir wissen das deshalb so genau, weil wir uns ein derartiges Prachtexemplar von Stiefvater geangelt haben, dass sich unser Sohn gleich mit in ihn verlieben konnte, ohne dass dies der Liebe zum leiblichen Vater Abbruch tat. Kurioser Nebeneffekt: Wenn auch bei uns Eifersucht aufkommt, dann stets auf die Mutter. Sie stört einfach, wenn man seinen Zweit-Papa mal für sich alleine haben will.

Wer sich zum Thema Patchwork informieren möchte, sollte sich also nicht nur von systemkritischen Abhandlungen verschrecken lassen, sondern ins Bilderbuch »Wann gehen die wieder?« von Uta Krause gucken, empfohlen ab fünf Jahren. In dieser lakonischen Geschichte pendeln sieben Räuberkinder mit roten Köfferchen zwischen Räubermama und Räuberpapa und hadern mit Räuberpapas Neuer, einer Prinzessin samt Anhang. Sämtlicher Patchwork-Käse kommt auf den Tisch: die lästige Zwangsverwandtschaft mit fremden Kindern, Tränen und Streit, »doppelte Weihnachten, doppelte Geburtstage, Zahnbürsten, Betten und doppelte Regeln«. Am Ende wird alles gut. Märchenhaft.

Krass verknallt mit 50 plus?

Wer sich zu spät auf die Suche begibt, könnte auf gewisse Verknappungsprobleme stoßen. Das gilt für Immobiliensuche auf dem Höhepunkt der Kapitalflucht, für die Suche nach dem perfekten Kaschmirmantel am Ende des Winter-Sale, und auch für den Partnermarkt. So kursiert der böse Vergleich, eine Frau über 50 finde eher in der Arktis einen Kühlschrank als irgendwo auf Erden einen neuen Ehemann.

Sprechen wir zur Erbauung also über Elisabeth: Mit über 80 Jahren hat sie ihre Jugendliebe wiedergetroffen. Mit 19 Jahren hatte sie den jungen russischen Soldaten Iwan in Thüringen unmittelbar nach Kriegsende lieben gelernt und wieder verloren. Heute lebt er in einer kleinen Wohnung im frostigen Sibirien. Als

Elisabeth wieder von ihm hörte, warf sie alles hin: ihre Ehe, ihr komfortables Leben, ihr schönes Heim in Luxemburg. 62 Jahre nach ihrer ersten Begegnung zog sie zu Iwan und heiratete ihn. Die beiden Senioren fanden, es gehöre sich so, wolle man noch Intimitäten austauschen.

Wenn alte Scheunen brennen, hilft kein Löschen, spottet der Volksmund. Uns aber hat der Bericht auf »Spiegel TV« zu Tränen gerührt.

Manch gestandener Senior wird von der Liebe überrascht wie von einem Hexenschuss, andere mühen sich auf der Suche nach ihr vergeblich. Vor allem Frauen haben es auf dem Markt der Silver-Singles schwer, ihnen macht reichlich Konkurrenz zu schaffen. Frauen über 65 Jahren sind zu 70 Prozent ledig, geschieden oder verwitwet. Dagegen sieht man gleichaltrige Männer selten allein. Drei von vier Senioren sind verheiratet – oftmals mit einer jüngeren Frau.

Der hiesige Männermangel ist andernorts kein Thema. Massenhaft fröhliche Junggesellen aller Altersstufen finden sich beispielsweise in Irland. Jeden September kann man sie dort treffen, auf dem Matchmaking-Festival in Lisdoonvarna, dem größten Heiratsmarkt Europas. Singles aus der ganzen Welt besuchen die wochenlange Sause, sogar aus New York reisen optimistische Damen an. Wer Glück hat, ergattert einen Iren: Alle tanzen sie gern, vielen gehören entzückend gelegene Farmen am Meer. Zwar drohen dort einsame und windige Winter, der Romantik aber dürften sie förderlich sein: Keine Nachbarn weit und breit.

Beunruhigend nur, was wir auf einer der vielen Internet-Plattformen lasen, die sich auf die Partnersuche von Menschen ab 50 Jahren spezialisiert haben. Danach stehen bei Männern mit lichter werdendem Silberhaar vor allem Ärztinnen hoch im Kurs. Vermutlich haben die Herren weniger eine späte Liebe im Sinn als eine bequeme Rundumversorgung. Kaum weniger pragmatisch denken reifere Frauen: Sie wünschen sich einen erfolgreichen Mann an ihrer Seite, am liebsten mit eigener Firma.

In diesem Zusammenhang seien die irritierenden Ergebnisse einer Single-Studie der Universität Heidelberg nicht verschweigen. Den höchsten Grad an Lebenszufriedenheit weisen demnach verwitwete, vermutlich gut versorgte Frauen um die 70 Jahre auf.

Wer sich doch nach einem Glück zum Anfassen sehnt, müsse heraus aus der Komfortzone, raten Single-Forscher. Der Heidelberger Psychologieprofessor Hans-Werner Wahl etwa empfiehlt Gruppenreisen, womit wir wieder bei Irland wären. Damit Schüchterne auf dem robusten Matchmaking-Festival nicht ins Hintertreffen geraten, sei ihnen die Kontaktaufnahme mit Willie Daly (www.williedaly.com) empfohlen, dem legendären Heiratsvermittler vor Ort. Wer in seinem gigantischen Notizbuch steht, soll angeblich binnen sechs Monaten unter der Haube sein. Krass verknallt, wollen wir hoffen.

Aus Schaden klug werden: Sieben Insidertipps für den zweiten Anlauf

Manchmal – oder auch: für manche – ist die Ehe ein zu heikles Unterfangen, als dass sie gleich beim ersten Mal glücken könnte. Beim zweiten Versuch lässt sich aufgrund einer gewissen Selbsterkenntnis vieles besser machen, was beim ersten verbockt wurde. Schon aus diesem Grund halten wir die These nicht für abwegig, dass glückliche Ehen ab einem Lebensalter von etwa 40 Jahren wahrscheinlicher werden.

Einige selbst gewonnene, erprobte und zur Nachahmung empfohlene Erkenntnisse:

1. Bevor wir nochmals heiraten, bedenken wir ein jamaikanisches Sprichwort: Vor der Ehe halten wir beide Augen offen, danach drücken wir eines zu. Zur vorangegangenen Selbstprüfung gehören folgende Fragen: Was suchen wir in einer Beziehung? Welche eigenen problematischen Mechanismen können wir aufgearbeitet ad acta legen, wo verfügen wir über leider nur geringe Toleranzpolster? Hat der neue Partner überhaupt eine Chance, das Beste in uns zum Vorschein zu bringen?

2. Wir wissen inzwischen, dass eine Eheschließung mehr der Intimität bedarf denn einer repräsentativen Show. Aus diesem Grund haben wir nicht die geringsten Skrupel, beim zweiten Mal alleine zum Standesamt zu schlendern, uns dort in stillvergnügter Heimlichkeit das Jawort zu geben und unsere Lieben erst im Nachhinein zu informieren. Veranstalten wir doch eine große Party, dann nur, weil wir Lust dazu haben. Falsche Rücksichtnahme bei Ort, Ablauf und Gästeliste schenken wir uns diesmal.

3. Wir schließen selbstverständlich einen Ehevertrag. Inzwischen sind wir in einem Alter, in dem wir vom Notar eigentlich gleich eine Patientenverfügung mit erledigen lassen könnten.

4. Ein inniges Verhältnis zur Schwiegerfamilie ist kein Muss. Liebevolle Distanz tut es auch.

5. Beutekindern öffnen wir bedingungslos die Arme. Wir bemühen uns, selbst in pubertierenden, renitenten Pickelmonstern unseren Geliebten wiederzufinden. Wir muten unserem Partner auf keinen Fall zu, sich zwischen uns und seinen Kindern entscheiden zu müssen.

6. Wir grämen uns nicht, dass wir uns nicht schon als Zwanzigjährige kannten. Wer älter ist, quält sich und den anderen zumindest nicht mehr mit permanenten Selbstzweifeln. Die Gnade des späten Kennenlernens schenkt uns

außerdem den sexuellen Schwung eines Teenager-Paares. Wahrscheinlich kommen wir sogar um das Problem der Untreue herum: Bis uns miteinander fad wird, sind wir hoffentlich zu alt für Affären.

7. Wir kujonieren einander nicht.

(Endlich) glücklich verheiratet

Für die Ehe lernen mit »Anna Karenina«

Glücklich verheiratet sein geht offenbar ganz einfach. Wir entnehmen das der Eheformel, die Wissenschaftler der Genfer Fachhochschule für Wirtschaft im Jahr 2011 freundlicherweise veröffentlicht haben. Ihre vier Faktoren lauten: Beide Partner besitzen dieselbe Nationalität. Keiner von beiden war geschieden. Er ist mindestens fünf Jahre älter. Sie ist gebildeter. Würden Paare auf diese Weise zusammengestellt, mahnten die Forscher streng, gäbe es 20 Prozent weniger Scheidungen.

Nachdem wir herzlich gelacht haben, fallen uns Eheleute ein, die diesen Regeln grob zuwiderleben und trotzdem fröhlich sind. Da wäre ein exakt gleichaltriges Paar: Er, Schriftsteller, wohnt in München, und sie, zuvor geschiedene Grafikerin, in Berlin. Oder

Ulrich und Marie: sie Französin, mon dieu! Und nicht die Gebildetere der beiden. Oder die zwei, zwischen denen ein Gefälle von zwanzig Jahren und einer Scheidung liegt. Wir erwähnten die beiden bereits; in drei Monaten erreichen sie ein Streitpensum wie andere in drei Jahren, um sich stets aufs Innigste zu versöhnen.

Irgendetwas machen sie alle richtig. Nur: was?

Wahrscheinlich lieben sie sich, ein Faktor, den die Schweizer Forscher nicht weiter berücksichtigten. Ebenso wenig wie die Notwendigkeit, dass Paare sich einig sein sollten über ihr Verständnis von Zweisamkeit – und sei es noch so individuell.

Schon, dass Liebe unbedingt harmonisch verlaufen müsse, ist nur eine These. Manche finden getrennte Wohnungen unvorstellbar, anderen verschafft Autonomie den rechten Kick. Das gemeinsame Bestellen der Blumenbeete macht einige begehrlich nach Früchtchen in Nachbars Garten, andere nur glücklich. »Wenn es gilt: so viele Köpfe, so viele Geister«, heißt es in Leo Tolstois Roman »Anna Karenina«, »dann gilt auch: so viele Herzen, so viele Arten der Liebe.«

»Anna Karenina«, eines der großen Werke der

Weltliteratur, beginnt mit einem berühmten Satz: »Alle glücklichen Familien sind einander ähnlich, jede unglückliche Familie ist unglücklich auf ihre Weise.«

Für die Ehe, glauben wir, gilt nur der erste Teil: Alle glücklichen Paare beherzigen gewisse Spielregeln. Aber auch alle unglücklichen Paare ähneln einander – gerade in ihrem Unglück und in ihrer Erfahrung von Kränkung, Nichtachtung, Entfremdung.

Die gelingende Liebe

»Anna Karenina« ist überhaupt ein großartiges Buch über die Ehe. Wir kennen kein zweites, das die komplizierte Welt der Gefühle so klar erfasst, noch dazu so frisch, als wäre es nicht schon 135 Jahre alt. Es geht um alles: Leidenschaft, Familie und ihre Zwänge, einsame Mütter, untreue Gatten, die Suche nach dem »richtigen« Leben, Erkenntnis.

Als wir den Roman vor 25 Jahren zum ersten Mal lasen, verstanden wir das natürlich nicht. Mit 20 fesselte uns ausschließlich die Amour fou der Titelheldin

Anna, die sich aus der lieblosen Ehe mit einem Beamten in die Arme des strahlenden Graf Wronski stürzt. Große Ekstase. Anna und wir hielten sie für Liebe. Da Trennung, gar Scheidung für eine Frau zu dieser Zeit die gesellschaftliche Ächtung bedeutet, verliert Anna alles. Ihr Sohn bleibt beim Vater, mit ihr und Wronski geht es bergab. Am Ende wirft sich die Arme, von Eifersucht und Unglück zerstört, vor den Zug.

Als wir »Anna Karenina« unlängst zum dritten Mal zur Hand nahmen, machten wir allerdings eine erstaunliche Entdeckung. Hier gibt es ja eine glückliche Liebe! Der fatalen Passion zwischen Anna und Wronski hat Tolstoi eine gelingende Ehe gegenübergestellt: die des aufrichtigen Lewin und seiner Frau Kitty. Die beiden hatten wir, jahrelang auf erotisches Drama gepolt, gelangweilt überblättert. Dabei spielt hier das wahre Leben.

Folgende Lektionen werden dem Leser unaufdringlich unterbreitet: Zum Ersten stellt Tolstoi beiläufig fest, dass schüchterne Grübler wie Lewin zu Unrecht gegenüber den eleganten Wronskis dieser

Welt verblassen. Auch Kitty ist zunächst hoffnungslos in den verführerischen Grafen mit seinen Pferderennen verknallt, bevor sie, durch Zurückweisung geläutert, die Qualitäten Lewins mit seinem »goldenen Herzen« entdeckt. Wronski ist heiß, Lewin passt zu ihr. Mit einer klugen Partnerwahl, so dürfen wir Tolstoi wohl interpretieren, geht die Sache schon mal los.

Eine reine Vernunftehe ist diese Beziehung dennoch nicht. Tolstoi lässt keinen Zweifel daran, dass zärtliche Verliebtheit unverzichtbar ist. Als habe er die Funktion des Kuschelhormons Oxytocin als Beziehungsklebstoff persönlich erforscht, schreibt der alte Russe: »Pappen« muss es zwischen zwei Eheleuten! Nur dann sind die profanen Phasen der Zweisamkeit zu ertragen.

Die gibt es auch in der Ehe von Lewin und Kitty zuhauf. Von »nichtigem Kleinkram« ist die Rede, von Himbeermarmeladekochen, von zänkischen ersten Monaten. Es herrscht wechselseitiges Unverständnis darüber, wie wichtig dem einen philosophische Schriften, dem anderen die Auswahl von Vorhängen sein können. Man lernt sich kennen und könnte verzweifeln. Warum es trotzdem geht? Tolstois zeitloser Vorschlag: Keine Umerziehung. Kein Dauernörgeln. Das Anderssein wird respektiert. Nicht etwa aus Verständnis. Aus Liebe.

Dass Freunde und Familie des Partners ebenfalls geachtet werden, ist selbstverständlich. Notfalls aus höflicher Distanz. Lewin hilft den in Not geratenen Schwippschwagern, die Schwiegermutter aber nennt er »Fürstin« und nicht »Maman«, obwohl so Sitte. Schon in Ordnung, findet Kitty. Lewins todkranken Bruder pflegt sie trotzdem.

Die beiden fragen einander, was sie denken, und manche Gedanken behalten sie für sich. Wenn sie sich zanken, wahren sie Vorsicht, weil, wie Lewin spürt, »er nicht mehr wusste, wo sie aufhörte und er anfing«. Sie machen einander kleine Freuden. Ihn rührt eine ihrer losen Haarsträhnen, sie sein Nacken, wenn er sich über die Arbeit beugt. Wenn es gerade nichts zu reden gibt, halten sie den Mund. Und hin und wieder denken sie sich: »Wie gut es uns doch geht zu zweit!«

Der verliebte Lewin spricht es natürlich trotzdem aus. Er ist die wahrhaft moderne Erfindung Tolstois:

ein nachdenklicher, partnerschaftlicher Mann. Ein unabhängiger Mann übrigens, der auch findet, dass man sich gesellschaftlichen Zwängen nicht beugen muss, sondern selbst entscheiden darf, wie sein Leben aussieht. Schon das macht ihn spannender als Wronski. Lewin jedenfalls begreift, dass »alle seine Gedanken über die Heirat, seine Träume, wie er sein Leben einrichten würde – dass alles Kinderei gewesen war und dass es etwas war, das er bis jetzt nicht verstanden hatte«.

1200 Seiten Klugheit

Ja, so geht es uns allen. Weil Ehe jenseits der naiven Vorstellung auf ganz andere Weise schön ist, als wir einmal dachten. Weniger erhaben, weniger spektakulär, weniger demonstrativ, als wir vermutet hatten. Auch mit mehr alltäglichen Kleinlichkeiten beschwert. Dass es trotzdem so glücklich macht, eine ganz bestimmte Stimme zu hören, etwas erzählen zu dürfen, die reine Nähe zu spüren und die Verbundenheit, hätten wir nicht geglaubt.

»Anna Karenina« versammelt so viele Paarerfahrungen, dass persönlichen Vergleichen keine Grenze gesetzt ist. Da ist das Paar, dessen Leidenschaft nicht nur deswegen ausbrennt, weil die böse Gesellschaft schuld ist (Anna und Wronski). Der heitere Hallodri, so untreu wie gewinnend, dem seine verhärmte Gattin nicht anhaltend gram sein mag (Stiwa und Dolly). Das alte Fürstenpaar, Kittys Eltern, die sich urplötzlich an ihre eigene Verliebtheit erinnern, nur weil ihre Tochter so glücklich ist.

Ein derartiger Kosmos von Lieben und Leben lässt sich natürlich nur auf 1200 Seiten angemessen ausbreiten. Doch lassen Sie sich nicht vom Umfang schrecken. Als Fan von »Anna Karenina« werden Sie sich in allerbester Gesellschaft befinden, unter anderem mit Vladimir Nabokov und Thomas Mann. Schöner und klüger als in diesem Roman geht's nicht.

Einfach so: Den Groll begraben

Was das Eheglück zuverlässig boykottiert, ist jede Form von Bitterkeit.

Gleichzeitig stapeln sich in einer langjährigen Durchschnittsehe Enttäuschungen wie Türme aus Altpapier. Sie wirft ihm insgeheim vor, dass er beruflich unter seinen Möglichkeiten geblieben ist. Er hat es eingestellt, mit ihr über seinen Traum vom Aussteigen auf Zeit zu sprechen. Sein Hintergrundbild auf dem Laptop: ein abhebendes Flugzeug – längst kein Familienfoto mehr.

Missachtung und Kränkungen perlen an niemandem ab, auch wenn alte Paare sich das nicht mehr anmerken lassen. Scheinbar ungerührt werden Verletzungen geschluckt, in Wahrheit aber füttern sie den wuchernden Groll.

Beziehungen, in denen einer dem anderen grollt, können nicht funktionieren. Weil man keine Lust mehr hat, dem anderen im Vorbeigehen einen Kuss zu geben. Keine Lust, ihm vorzulesen, was man heute in der Zeitung gefunden hat. Und keine Lust, ihr an einem eisigen Wintermorgen die Autoscheibe freizukratzen, einfach so, um ihr eine Freude zu machen. Man will dem anderen überhaupt keine Freude mehr machen.

Aus Partnern werden Gegner, die im schlimmsten Fall nur noch eines zusammenhält: ein Wettbewerb darüber, wer unter dem anderen mehr zu leiden hat. Wechselseitige Klagen über das eigene Unglück beschreibt der Heidelberger Paartherapeut Arnold Retzer als »Opfereskalation«, in der jeder stolz seine »Leidenstrophäen« hochhalte. Den zweifelhaften Sieg trage jener Ehepartner davon, »der als Erster unter den Lasten des Unrechts zusammenbricht«. Es soll sogar Menschen geben, die dem Gefährten noch den Tod übelnehmen, weil der andere sich erwartungsgemäß feige davongemacht hat.

Gesunder Egoismus

Gegen Groll hilft nur eines: Verzeihen. Die Bereitschaft zu vergeben, so vermuten Paarforscher, begründet das Geheimnis glücklicher Paare. Sie zerreißen die Schuldscheine, die sich im Laufe der Jahre ansammeln. Und befreien sich damit selbst von vergiftenden Gefühlen wie Rachlust und Zorn.

Wirkliches Verzeihen erfordert allerdings mehr als das Kinderritual, bei dem man sich verschämt die Hand reicht, natürlich mit abgewandtem Gesicht. Verzeihen ist ein freiwilliger Prozess, zu dem sich der Verzeihende alleine entschlossen hat. Nur das ermöglicht einen neuen Anfang, im Gegensatz zu Rache und Strafe.

Ganz schön schwer, sich selbst zu überwinden, wie jeder weiß. Der Dalai-Lama lockt damit, dass derlei Großmütigkeit letztlich nichts sei als eine Form von »gesundem Egoismus«: Am Ende fühlen wir uns selber besser.

Daran, dass erlittenes Unrecht auch Unrecht bleibt, ändert das Verzeihen natürlich nichts. »Das Vergeben bezieht sich nur auf die Person und niemals auf die

Sache«, stellte die Denkerin Hannah Arendt fest. Trotzdem hielt sie Vergebung für unerlässlich: »Das menschliche Leben könnte gar nicht weitergehen, wenn Menschen sich nicht ständig gegenseitig von den Folgen dessen befreien würden, was sie getan haben.«

Dafür gehen sie die seltsamsten Wege. Der Theologe Hans Jellouschek erzählte einmal von einer Reise nach Südfrankreich mit seiner Frau. Das Ehepaar fuhr mit dem Auto, natürlich gab es Streit. Endlich angekommen machten sich die beiden auf einen miesepetrigen Strandspaziergang, bei dem ihr Blick auf eine stachlige Distel im Sand fiel. Die Jellouscheks banden sie an einen Stein und versenkten das Zanksymbol mit einem weiten Wurf im Meer. Anschließend ging das Paar friedlich zum Essen.

Wer große Gesten schätzt, kann sich an dieser Geschichte ein Beispiel nehmen. Warum den Groll nicht tatsächlich begraben? In Form eines Briefes, zum Beispiel, feierlich im Garten beerdigt. Hinter dem Komposthaufen. Hoffentlich ist dieser Gartenabschnitt von neugierigen Nachbarn nicht einzusehen.

Doch Vergebung funktioniert auch auf unpathetische Weise, auch als heimlicher Entschluss, und sogar einseitig. Zu den besten Entscheidungen unseres Lebens zählen wir die späte Einsicht, den ewigen Groll schlicht und einfach zu beenden. Nach 20 Jahren Ehe fanden wir es plötzlich unsinnig, uns das Leben weiter schwer zu machen.

Vielleicht schaffen Sie es etwas schneller.

Lass uns Freunde sein!

Dass zu einer glücklichen Ehe auch Freundschaft gehört, ist so selbstverständlich, dass selbst Ehe-Laien es voller Inbrunst propagieren. Nicht der Mangel an Liebe, sondern der Mangel an Freundschaft schaffe die unglücklichsten Ehen, wusste sogar Friedrich Nietzsche, der zum weiblichen Geschlecht kritischen Abstand hielt. Vor der Hochzeit, riet der Philosoph, solle man sich daher eingehend befragen, ob man glaube, sich bis ins Alter hinein gut miteinander unterhalten zu können.

Es gab Zeiten, da dachte man selbst in Hollywood so. Der Schauspieler Gregory Peck befand, eine gute Ehe sei ganz einfach »ein Interview, das nie geendet hat« – vermutlich eines, in dem beide Teilnehmer sich mitteilen. Fast 50 Jahre lang, bis zu seinem Tode, war

Peck mit der französischen Journalistin Veronique Passani verheiratet.

Dem Lob ehelicher Freundschaft liegt häufig der Pessimismus zugrunde, dass Liebe und Leidenschaft ohnehin vergehen müssten. Wohl dem, der dann noch einen Kameraden an der Seite hat, mit dem er reisen, lesen, Museen besuchen und gute Gespräche führen kann, wenn schon mit den knisternden Aspekten der Zweisamkeit Schluss ist! Wer so denkt, sieht Freundschaft nur als Trostpreis, der müden Paaren zum Ende hin winkt. Schöner wäre es, man betrachtete Freundschaft als etwas, das die Liebe noch zu ihren Lebzeiten bereichert.

Was Liebende häufig beklagen, ist die allgemeine Nachlässigkeit, die sich in langjährigen Beziehungen einzuschleichen droht. In Freundschaften tut sie das sonderbarerweise selten. Undenkbar, dass wir unsere Gäste in derselben Jogginghose zum Essen empfangen würden, die der Partner abends zu Gesicht bekommt. Auch dass man statt einer Antwort nur gereiztes Brummen hört, erfahren alte Schulfreunde nur in Ausnahmefällen.

Der Grund dafür ist, dass man seinen Freunden Respekt und Interesse entgegenbringt – etwas, das in Liebesbeziehungen bisweilen sträflicherweise abhandenkommt. Dabei müsste man sich nur über das Wesen von Freundschaft Gedanken machen, um zu erkennen, welche Elemente dieser schönen Gemeinschaft auch in der Liebe unbedingt gepflegt werden sollten.

Der griechische Philosoph Aristoteles hat mehrere Arten von Freundschaft unterschieden, die wir noch heute praktizieren. Eine davon ist die Zweck-Freundschaft (die sich von der Nähe zu einem Menschen einen bestimmten Nutzen verspricht, sehr beliebt in Job und Politik), eine andere die Spaß-Freundschaft, bei der man aufs Angenehmste miteinander Zeit totschlagen kann, mehr aber auch nicht. Am höchsten steht für Aristoteles die wahre Freundschaft, die Nutzen und angenehmen Zeitvertreib zwar nicht ausschließt, aber nicht zum alleinigen Ziel hat.

Auf Augenhöhe

Wahre Freundschaft bedeutet, dass wir den Freund um seiner selbst willen gernhaben und ihn mit Wohlwollen betrachten, auch wenn er nicht ganz so tugendhaft sein sollte, wie Aristoteles es sich vorgestellt hat. Wir nehmen an seinem Leben Anteil, fragen nach, wie es ihm ergeht, und behandeln ihn trotz mancher Frotzelei mit Achtung. Feiert er Erfolge, freuen wir uns für ihn, läuft es schlecht, versuchen wir zu helfen oder wenigstens zu trösten. Freundschaft will gepflegt werden; sie lebt davon, dass wir aneinander denken und das zeigen. Kleine Geschenke sollen sie angeblich erhalten. Wir jedenfalls freuen uns doch sehr, wenn unser Berliner Freund zum Geburtstag Blumen schickt und eine kleine gezeichnete Karte.

Mut ist ebenfalls vonnöten, soll es keine Schönwetterfreundschaft bleiben: Man muss jemanden schon sehr gerne mögen, um die Traute zu haben, ihn auf unschönes Benehmen oder auf selbstschädigendes Verhalten hinzuweisen. Und man muss einem Freund, der den Kraftakt von Kritik auf sich nimmt, viel herzliche Anteilnahme abnehmen, um sie sich anhören zu können.

Eine gute Freundschaft findet auf Augenhöhe statt. Sie kann lustig sein und befriedigend, weil man ähnliche Interessen teilt. Sie kann ruhen, wenn beide viel um die Ohren haben, und doch beständig bleiben. Sie übersteht Meinungsverschiedenheiten. Und sie vertieft sich mit den Jahren.

All das gilt ohne Einschränkung auch für die Ehe. Freundschaft ist ohne Liebe kaum denkbar. Liebe ohne Freundschaft auch nicht. Man stelle sich vor, man wäre mit dem besten Freund vielleicht sogar verheiratet. Was für ein Glück!

The Look of Love

Die Grundhaltung des Optimismus ist für glückliche Ehen unverzichtbar – wie für alle Langzeitprojekte, an denen man festzuhalten gedenkt. Zahllose Studien belegen, dass Optimisten länger leben, gesünder sind, mehr Freunde haben und sich von Rückschlägen nicht so schnell entmutigen lassen. Die Vorteile all dessen für das Führen einer Beziehung liegen auf der Hand.

Optimisten verfügen vor allem über eine Fähigkeit, die sich jeder abschauen sollte, der in glücklicher Zweisamkeit leben will: Für sie existiert nur ein halb volles Glas Wasser, niemals ein halb geleertes.

Wir haben keine Studie gefunden, die untersucht hätte, ob Schönfärber in der Ehe zufriedener sind als Schwarzmaler, nehmen aber jede Wette an, dass dem so ist. Eine glückliche Ehe steht unter einem Motto, das der von uns sehr geschätzte und daher vielzitierte Paartherapeut Arnold Retzer »Bei mir biste scheen« nennt. Realismus schön und gut, doch davon kann das Liebesglück nicht zehren. Es braucht »positive Illusionen« und auch etwas Bewunderung.

Es ist ja wohl kein Zufall, dass Liebende sich am Anfang nicht nur im schönsten Licht betrachten, sondern sich auch von ihrer besten Seite zeigen. Da werden romantische Tische beim Franzosen reserviert, lästige Pflichten abgenommen, berechtigte Vorwürfe mit dem Geloben von Besserung in Luft aufgelöst. Wer als wundervoller Charakter betrachtet wird, tut viel, um sich als solcher zu erweisen. Auch später.

Um Missverständnissen vorzubeugen: Hier soll nicht dafür geworben werden, sich täuschen zu lassen. Wir kennen zahlreiche Unglückliche, die uns dauern, weil sie die ungeheuerlichsten Kapriolen ihrer Partner beharrlich verklären. Man sollte die Augen nicht verschließen. Man sollte sich vielmehr die rosarote Brille aus der Frühzeit wieder aufsetzen, zumindest gelegentlich.

Irgendwo muss sie doch noch herumliegen? Hoffentlich! Man braucht sie noch nach Jahren.

Schönfärber betrachten ihren Ehegatten mit wohlwollendem Blick. Im Gegensatz zu Schwarzmalern, die vor allem das Negative registrieren, idealisieren Schönfärber den Partner, wo es der Beziehung dient. Kleine Schwächen und Fehler nehmen sie wahr, fokussieren ihre Aufmerksamkeit aber auf die Vorzüge. Gut, er hat eine Glatze, aber bringt sie seinen wohlgeformten Hinterkopf nicht erst zur Geltung? Zugegeben, wo sie geht und steht, hinterlässt sie Chaos – dafür bringt niemand so schnell zwischenmenschliche Verstimmungen wieder in Ordnung wie sie mit ihrer Herzlichkeit.

Wem er sehr schwerfällt, der »Look of Love«, sei ein Trick des berühmten dänischen Familientherapeuten Jesper Juul verraten. Juul empfahl uns einmal während eines langen Gespräches über Partner und Kinder und andere Ratlosigkeiten, niemanden allzu kritisch zu beäugen. Wer an anderen ständig herummäkle, solle sich eingehend im Spiegel betrachten, alleine, mindestens zehn Minuten lang, und zwar streng.

Juul war offensichtlich der Meinung, dass diese gnadenlose Selbstprüfung nur großzügig machen könne. Was denn sonst.

Von pauschalen Selbstgeißelungen, die dadurch ausgelöst werden könnten (Oh mein Gott! Ich bin zu dick, zu bös, zu hässlich, zu neurotisch), ist allerdings dringend abzuraten. Die rosarote Brille benötigen wir gelegentlich auch, wenn wir uns selbst betrachten. Wer nicht mal sein eigener Freund ist, bei dem ist Hopfen und Malz verloren. Vor allem in der Ehe.

Bitte freimachen: Schluss mit Beziehungsmythen

Über die Ehe kursieren diverse Irrtümer, die ebenso hartnäckig wie hinderlich sind:

Wer liebt, vergisst den Hochzeitstag nicht.
Blödsinn. Ist uns selbst schon mehr als einmal passiert. Sogar den (zu eng gewordenen) Ehering haben wir mal gegen eine Kette für die Tochter eingetauscht. Dass der Partner über solche Lieblosigkeiten großzügig hinwegsah, hat unser Herz sofort mit Wärme geflutet.

Wir müssen dauernd glücklich sein.
Zur Ehe gehören Durchhänger: Phasen des Zweifelns, der Langeweile, des Verdrusses. Stellen Sie sich nicht so an, halten Sie sie einfach aus.

Andere Ehepaare sind viel glücklicher.

Dachten wir auch lange. Mittlerweile ahnen wir: Es wirkt nur so. Ausgerechnet jene Freunde, die immer mit ihrem Glück prahlten, sind samt und sonders geschieden. Merke: Eine Ehe ohne Probleme ist immer verdächtig.

Mit einem anderen Partner wäre ich viel glücklicher.

Stimmt nicht, es sei denn, Sie hätten, salopp gesagt, total danebengegriffen. Ganz unbestritten gibt es für jeden jede Menge falscher Partner.

DER eine Richtige, der uns komplett macht wie Platons Kugelmenschen oder Helmut und Loki Schmidt, existiert aber auch nur für Ausnahmen. Die meisten werden sich mit einem weniger einwandfreien Glück begnügen müssen, in dem es sich doch sehr vergnüglich einrichten lässt.

Nur eine leidenschaftliche Ehe ist eine gute Ehe.

Die Temperamente sind verschieden. Minimalkonsens: Zärtlichkeit muss sein.

Ehe ist harte Arbeit.

Liest man immer wieder, ist trotzdem falsch. »Harte Arbeit« suggeriert, man müsse permanent etwas tun. In Wahrheit geht es in der Ehe eher darum, den anderen auch mal lassen zu können: in Ruhe! Ständige Beziehungsarbeit kann zur fixen Idee werden.

Ehe funktioniert von alleine.

Ganz falsch. Wer bei der Hochzeit großmäulig verspricht: »Ich mache dich glücklich!«, um fortan weitere Bemühungen einzustellen, darf sich nicht wundern, wenn es an allen Ecken und Enden der Beziehung knirscht.

Das war schon im Jahr 1923 nicht anders, als Franz Kafkas Freundin, die Journalistin Milena Jesenská, folgenden Vorschlag unterbreitete: »Warum versprechen die Menschen einander nicht, dass sie niemals zu faul sein werden, eine Apfelsine, einen Strauß Veilchen, einen neuen Bleistift oder eine Tüte Rosinen mitzubringen? Warum versprechen sie nicht, zum Frühstück gewaschen zu erscheinen, nach Wasser und Seife duftend, frisch und sorgfältig gekleidet, sowohl am Tage nach der goldenen Hochzeit wie jeden Tag bis dahin? Warum versprechen sie nicht, dass sie sich im Zorn lieber selber schlagen, als einander etwas Widerwärtiges, Geschmackloses, Hässliches vorzuhalten? Warum versprechen sie nicht, sich immer um den anderen und seine Interessen zu bemühen, mögen diese der Kunstgeschichte, dem Fußball oder einer Schmetterlingssammlung gelten?«

Ja, solche Versprechen könnte man vielleicht tatsächlich halten.

Liebe vergeht sowieso.

Jedenfalls ganz bestimmt, wenn Sie so denken. Wie Dauer-Verliebte das »Kuschelhormon« Oxytocin im Blut wechselseitig hochhalten, haben Forscher der israelischen Bar-Ilan University in einer taufrischen Studie verraten: durch ein »hohes Maß an Gegenseitigkeit und Berührungen«. Soll heißen: Wenn Sie verliebt bleiben wollen, benehmen Sie sich wie Verliebte!

Ein letzter Rat

Grau ist alle Theorie. Deshalb: Buch zuklappen. Den Liebsten küssen. Freuen. Alles Liebe!

Literatur

(eine Auswahl)

Augustin, E./von Keisenberg, P./Zaschke, C.: *Ein Paar – ein Buch.* München 2009.

Clement, Ulrich: *Guter Sex trotz Liebe.* Berlin 2008.

Frisch, Max: *Halten Sie sich für einen guten Freund?* Frankfurt a. M., Leipzig 1995.

Heilmann, Julia/Lindemann, Thomas: *Babybeschiss.* Hamburg 2011.

Hodgkinson, Tom: *Leitfaden für faule Eltern.* Berlin 2009.

Hörhan, Gerald: *Investment Punk. Warum ihr schuftet und wir reich werden.* Wien 2011.

Illouz, Eva: *Warum Liebe weh tut.* Berlin 2011.

Jesenská, Milena: *Alles ist Leben.* Frankfurt a. M. 2008.

Küstenmacher, Werner Tiki/Seiwert, Lothar J.: *Simplify your Life.* Frankfurt a. M. 2006.

von Lovenberg, Felicitas: *Verliebe dich oft, verlobe dich selten, heirate nie?* München 2007.

Precht, Richard David: *Liebe. Ein unordentliches Gefühl.* München 2009.

Retzer, Arnold: *Lob der Vernunftehe. Eine Streitschrift für mehr Realismus in der Liebe.* Frankfurt a. M. 2009.

Roche, Charlotte: *Schoßgebete.* München 2011.

Schlaffer, Hannelore: *Die intellektuelle Ehe.* München 2011.

Schnarch, David: *Intimität und Verlangen.* Stuttgart 2011.

Tolstoi, Leo: *Anna Karenina.* München 2009.

Mark Twain: *Sommerwogen. Eine Liebe in Briefen.* Berlin 2010.

Updike, John: *Ehepaare.* Reinbek 1972.

Welding, Malte: *Männer und Frauen passen nicht zusammen – auch nicht in der Mitte.* München, Zürich 2011.

Westheimer, Ruth: *10 Geheimnisse für richtig guten Sex.* Frankfurt a. M. 2009.

Wetz, Franz-Josef: *Lob der Untreue. Eine Unverschämtheit.* München 2011.

Yates, Richard: *Zeiten des Aufruhrs.* Stuttgart, München 2002.

Unser Dank …

… geht an unsere Ehemänner und die Kinder.

Außerdem danken wir unserer Agentin, Dr. Petra Eggers, sowie dem Team des Mosaik Verlages, die uns alle verschafften, wonach wir während der Arbeit verlangten: Ruhe.

Unseren Informanten und Insidern, die aus verständlichen Gründen nicht namentlich genannt werden wollen, sei ebenfalls gedankt und weitgehend Diskretion zugesichert.

Ein besonderer Dank gilt Lion, 10, für seine Anregung, das Buch mit folgendem Satz zu beginnen: »Ladies and Gentlemen. Wir sind auch verheiratet und können Ihnen sagen: Es ist ein einziges Problem.«